儿童教育心理学

（完全图解版）

蔡万刚◎编著

中国纺织出版社有限公司

内 容 提 要

儿童教育的关键在于家庭教育，家庭无疑是孩子的第一所学校。父母是孩子的启蒙老师，承担着对孩子的"教育"责任，应深谙儿童教育心理学。

本书以生活中常见的教育故事为案例，辅以心理学理论分析，深入浅出地阐述儿童教育过程中的一系列问题，通俗易懂，是各位关心儿童教育的父母不可缺少的学习指南。

图书在版编目（CIP）数据

儿童教育心理学：完全图解版／蔡万刚编著. ——
北京：中国纺织出版社有限公司，2021.3
ISBN 978-7-5180-7379-5

Ⅰ. ①儿… Ⅱ. ①蔡… Ⅲ. ①儿童心理学—教育心理学 Ⅳ. ①G44

中国版本图书馆CIP数据核字（2020）第076602号

责任编辑：江 飞 责任校对：高 涵 责任印制：储志伟

中国纺织出版社有限公司出版发行
地址：北京市朝阳区百子湾东里A407号楼 邮政编码：100124
销售电话：010—67004422 传真：010—87155801
http://www.c-textilep.com
中国纺织出版社天猫旗舰店
官方微博http://weibo.com/2119887771
三河市延风印装有限公司印刷 各地新华书店经销
2021年3月第1版第1次印刷
开本：880×1230 1/32 印张：6
字数：97千字 定价：39.80元

前言

　　教育家巴哈特说："一对父母胜过一百个校长。"时代在发展，社会对人的要求越来越高，孩子对于教育的需求越来越个性化。父母作为孩子的第一任老师，如何面对新时代的教育挑战呢？

　　苏联著名教育学家苏霍姆林斯基曾经把儿童教育比作一块大理石，他说要把这块大理石塑造成一座塑像需要六位雕塑家：一是家庭，二是学校，三是儿童所在的集体，四是儿童本人，五是书籍，六是偶然出现的因素。从排列顺序上来说，家庭无可争议地被列在首位。

　　生活中，常常有父母抱怨，现在的孩子越来越不好教育：孩子总是故意打扰自己；孩子越来越喜欢撒谎；孩子内心很自卑，不敢表现自己；孩子无法坚持自我；孩子嫉妒心强；孩子非常容易生气；孩子看起来神神秘秘，什么事情都不告诉你。殊不知，所谓的不好教育是因为父母不了解孩子，不知道如何教育，或者他们还是以传统的方式来教育孩子。

　　儿童教育，指的是对儿童进行德育、智育、体育等方面的培养和训练。青春期到来之前的未成年人被称为儿童或少年，这些孩子在思想、性格、智力、体魄等方面的可塑性很强，所以，儿童教育显得尤为重要。一直以来，儿童教育主要是由家

庭承担，尽管现代社会针对学龄儿童实行了义务教育制度，但是，家庭教育依然非常重要。

儿童教育最关键的阶段是家庭教育，它是学校教育的起点和基础。通常来说，家庭是孩子成长的摇篮，父母是孩子的第一任老师。尤其在孩子的早期教育中，正确的家庭教育可以为孩子一生的健康成长打下良好的基础，同时起着学校教育难以起到的基础作用。那么，正确的教子观、明确的教子目标，以及智慧的教子艺术就是一个成功父母的必备能力。

父母在跟孩子相处的时候，面对孩子成长过程中表现出来的行为，有时会不知所措甚至是惊慌失措，他们无法理解孩子的一些行为，往往也就不知道接下来该怎么做。其实，孩子在成长中，其心理、性格、情绪都有必然的发展特点和规律。如果父母懂得一些心理学，用心理学教育孩子，可以解决不少的教育烦恼。

编著者

2020年10月

目录

第1章

品格教育，塑造孩子迷人个性

一个人的品格如何，对其一生有重大的影响。现在很多父母在关心孩子身体健康、注重智力开发的同时，往往忽视了品格教育。事实上，品格教育需要从幼小时抓起，才能有好的效果。

斯万高利效应，让孩子心灵学会微笑

乐观的心态，自信的笑容，对于任何一个人来说都是不可或缺的财富。父母在培养孩子的心理素质和性格的过程中，乐观心态的培养是一个必不可少的基本成分。孩子乐观开朗的性格并不是天生的，所以，父母的教育和培养对孩子养成乐观的性格是十分重要的。孩子的乐观心态首先源于父母，源于家庭，所以，培养孩子乐观的心态，首先就要从父母自身做起。

如果一个人遭受挫折不及时排解，而是任挫折像红桃K一样在大脑中繁殖，让自己的心里充满挫折与失败的阴影，这就是斯万高利效应。一位教育专家曾说："培养笑容就是培养心灵。把孩子培养成面带笑容的孩子，就是把孩子培养成为乐观、进取的人的最重要条件之一。"

其实，影响孩子情绪的都是日常生活中的一些小事情，如果父母能够引导孩子换一个角度去看待这些事，也许就没有那么悲观了，孩子也会以乐观的心态来面对生活。对于正在成长中的孩子来说，乐观具有深远的意义，它会渗透孩子的一生，影响孩子一生的幸福。乐观的心态是可以诱发孩子采取行动的强烈动机，也可以给孩子提供充满勇气、战胜困难的力量。在

家庭教育中，父母就是要培养孩子希望和乐观的心态，让孩子能够带着积极乐观的心态走向前方。

著名教育学家塞利格曼曾说："父母教育孩子的方式正确与否，显著地影响着孩子日后的性格是乐观还是悲观。"所以，作为父母，一定要传达给孩子积极乐观的情绪，让孩子在乐观中找到生活的自信，让孩子以乐观的心态去看待身边的每一个问题。

小贴士

1.营造快乐的家庭氛围

一个自信乐观的家庭，总是能够培养出言行乐观的孩子，因为父母总是能够为孩子营造出积极乐观的氛围。也许，有的孩子天生就比较乐观，但有的孩子则相反。一些心理学家认为乐观的心态是可以培养的，即便孩子天生不具备乐观的心态，也可以通过后天来培养。因此，培养孩子乐观的心态，就需要父母为孩子营造快乐自信的家庭氛围，让孩子快乐地学习生活，教会孩子正确面对批评和挫折，帮助孩子克服悲观情绪，多给孩子鼓励与赞赏、温暖与笑容，这样孩子就能逐渐形成开朗的性格。

2.父母要积极乐观

孩子的模仿能力极强，他可以把父母的优点和缺点一起吸收。如果父母是悲观主义者，孩子就会受影响以悲观态度来看待问题；如果父母希望孩子以乐观的态度看待问题，就要改变

自己的思想和行为习惯。不仅要在孩子面前表现出乐观的心态，更重要的是真正拥有乐观的心态。

3.培养孩子多方面的兴趣爱好

一个孩子的成长健康与否，与他的心态有很大的关系，良好的心态会给他带来健康的身体、健全的人格。如果父母能够有意识地培养孩子广泛的兴趣和爱好，就可以让他对生活充满向往。父母要鼓励孩子去做有兴趣的事情，对于他不感兴趣的事情，父母不要勉强，尽可能地让他自由发展，让孩子参加集体活动，感受来自同伴的积极影响，将孩子的锻炼与兴趣结合起来。孩子拥有越来越多的成就感，极大地增强了自信心，就会逐渐形成乐观的心态。

4.换一种角度向孩子解释事情的真相

有时候，当事实无法改变的时候，父母可以给孩子不一样的说法。当父母对孩子说："现在爸爸要起草一份材料，爸爸的工作很忙。"这样会让孩子觉得爸爸很能干，工作也很重要，如果父母对孩子说："真可恶，爸爸还得起草一份该死的材料。"孩子会觉得爸爸是不情愿写材料但却不得不写，这就留给孩子一种阴影。

5.不要在孩子面前表现难过的情绪

父母不要因为孩子的一时挫折就表现出难过的情绪，比如孩子成绩下降了，父母若是表现得过分紧张和难过，就会影响到孩子的情绪，也增加了孩子的心理压力。所以，不要在孩子

面前表露出难过的情绪，也不要对孩子的受挫进行处罚、挖苦以及责骂，父母不妨以幽默的方式，尽可能地把自己的乐观情绪传达给孩子。

杜根定律，为孩子播下自信的种子

假如一个孩子被自卑心理所笼罩，其身心发展及交往能力将受到严重的束缚，才智也得不到正常的发挥。父母从小为孩子播下自信的种子，将有助于孩子形成良好的个性品质，增强他们的心理素质，使他们未来的路越走越宽。

杜根定律告诉我们：强者不一定是胜利者，但胜利迟早属于有信心的人。心理学家认为，自卑经常以一种消极的防御形式表现出来，比如，妒忌、猜疑、害羞、自欺欺人、焦虑等，自卑会让人变得非常敏感，经不起任何刺激。

自卑，就是一个人严重缺乏自信，常常认为自己在某些方面或各个方面都不如别人，经常以自己的缺点与他人的优点比较。自我评价过低，瞧不起自己，这是一种人格上的缺陷，一种失去平衡的行为状态。

孩子产生自卑心理，基于多方面的原因。比如父母能力较强，对孩子期望过高，往往会让孩子产生自卑心理，生活在这样的家庭里，孩子总认为"爸爸妈妈什么都行，我什么都比不

上他们，怎么努力都没用"；有的则是家庭不完整，容易让孩子产生自卑心理，生活在破裂家庭中的孩子，得不到父母足够的爱，觉得自己是被社会抛弃的孩子；有的父母采用粗暴、专横的教育方式，严重地伤害了孩子的自尊心，往往会让孩子产生自卑心理；有的是父母自身有自卑情绪，平时总说"我不行"，潜移默化地影响孩子，使孩子产生自卑心理。

如何判断孩子存在自卑心理？

（1）怯弱、害羞。通常情况下，孩子有一点点害羞是正常的，若是过于怯弱、害羞，不愿意出门，不敢接触陌生人，可能就是内心深处潜藏着自卑情结。

（2）独来独往。一般而言，正常孩子都喜欢与同龄人交往，十分喜欢交朋友。具有自卑心理的孩子对交朋友并没有太大兴趣，往往喜欢独自待着。

（3）心理敏感。自卑的孩子对家长、老师、同伴的评论非常敏感，尤其是对来自同伴的批评，更是感到不容易接受，有时甚至无中生有怀疑别人讨厌自己，且表现出不高兴的样子。

（4）有自虐行为。一些自卑的孩子往往表现为自暴自弃，严重者还会表现出自虐行为，比如故意去街上乱走、晚上独自出门、生病不吃药等，似乎故意让自己处于困境之中。

（5）缺少信心。自卑的孩子也非常希望在考试、比赛中获得好成绩，但他们通常会对自己的能力缺少信心，所以他们大都逃避参加任何考试、比赛。

（6）口齿不清。有部分自卑的孩子语言表达能力较差，或口吃，或表述不连贯，或缺乏情感，或词汇贫乏等。这是源于强烈的自卑阻碍了孩子大脑中语言学习系统的正常工作。

（7）承受能力较低。自卑的孩子大多不能像正常孩子那样能够承受挫折、疾病等消极因素带来的压力，哪怕遇到小失败或小疾病，便感觉承受不了，有的甚至面对如搬家、父母生病等意外也会感到不容易适应。

小贴士

1.对孩子不要有太多要求

父母要帮助孩子建立自信，克服自卑心理。所以父母对孩子的要求要适当，不能苛求孩子。父母对孩子的要求应与孩子实际的能力和水平相适应。若孩子取得了好成绩，父母应及时表扬、鼓励，让孩子对自己充满信心。对于那些成绩稍差的孩子，父母应予以关心和安慰，帮助孩子分析原因、总结经验和教训，给予其耐心的指导，一步步提高孩子的成绩。

2.让孩子增长见识

生活中，父母经常发现当许多孩子一起交谈的时候，有的孩子滔滔不绝、绘声绘色，而自己的孩子却只是在一边听，一言不发。这是什么原因呢？这主要是由于孩子的知识面不同，有的孩子见多识广，有的孩子知识面较为狭窄。而那些知识面较为狭窄的孩子更容易自卑，父母需要有意识地帮助孩子丰富

知识、开阔眼界。

3.多发现孩子的闪光点

消除孩子的自卑心理，父母要善于发现他们的优点和缺点，并为孩子提供发挥长处的机会和条件，让孩子学会理智地对待自己的短处，寻找合适的补偿目标，从中获取前进的动力，将自卑转化为一种奋发图强的动力。

4.引导孩子交朋友

自卑的孩子大多比较孤僻、不合群，喜欢把自己孤立起来。而积极的人际关系会为孩子提供必要的社会支持系统，利于自身压力的减缓和排解，性格也会变得乐观起来。而且孩子在与人交往的过程中，会更加客观地评价自己和他人。父母要多鼓励孩子交朋友，并教给他们一些社交技能。

5.让孩子获得成功经验

当孩子成功的经验越多，他的期望值就越高，自信心也就越强。对于自卑的孩子来说，父母要帮助他建立起符合自身情况的抱负，增加成功的经验。当孩子遭遇困境、心生自卑的时候，父母可以引导孩子去做一件比较容易成功的事情，或者参加感兴趣的活动，以消除自卑情绪。比如，当孩子在考试中失利了，不妨让其在体育竞赛中找回自信。

6.先实现一个小目标

许多孩子产生自卑，往往是由于对自己要求过高，将自己已经取得的成绩忽略了，他只是沉浸在大目标无法实现的焦虑

中，心理上就经常笼罩在悲观、失望的阴影中。对此，父母可以帮助孩子制订一个个能在短时间内实现的小目标，引导孩子向前看，从已经实现的小目标中得到鼓舞、增强自信。随着小目标的积累，不但会形成一个实现大目标的动力，而且会让孩子形成足以克服自卑的信心。

7.引导孩子正确面对挫折

孩子在生活中难免会遇到失败和挫折，而失败的阴影是产生自卑的温床。对此，父母需要及时了解孩子的心理变化，予以指导，帮助孩子及时驱逐失败的阴影。父母可以帮助孩子将失败当作学习的机遇，分析失败的原因，从失败中学习和吸取教训，也可以帮助孩子将那些不愉快、痛苦的事情彻底忘记。

8.尊重孩子的自尊心

有的孩子自尊心较强，做错事情，自己就会很内疚。父母这时再冷嘲热讽，一顿责骂，就会严重挫伤孩子的自尊心。孩子就会破罐子破摔，表现得越来越差。所以，当孩子做错事情，父母应关心、理解孩子，只要孩子知错能改就行了。这样孩子就会排解消极情绪，变得越来越自信。

卢维斯定理，优秀的孩子更谦虚

现在的孩子处在一个优越的环境中，获得一点成绩就很容

易骄傲，然而，今天获得的成绩并不代表明天的成绩，一个优秀的孩子应该是谦虚不自负的孩子。

孩子的身心都处于发展的时期，许多品质还没有得到固定，这很容易使孩子走进骄傲自负的性格误区。所以，作为父母，就是要帮助孩子克制自满的情绪，让孩子变得谦和。

卢维斯定理告诉我们：谦虚是一种优秀的品质，一个人的生命是有限的，但知识却是无限的，再勤奋的人也不可能把所有的知识都学完，因为任何一个人都不可能停止学习。因此，在知识面前一定要谦虚，凡是取得成功的人，他们在一生中总是谦虚地学习，不断地提高自己。

骄傲会让孩子夸大自己的优点，不去正视自己身上的问题，甚至容易把别人看得一无是处，这样的孩子听不进别人善意的批评，总是处于盲目的优越感之中，从而放松了对自己的要求，渐渐地，他就变得不那么优秀了。对此，父母可以有意识地制造一些困难让孩子去克服，让孩子认识到做好并不容易，人生道路并不平坦，从而促使孩子虚心学习、不断进步。

告诉孩子：如果有了一点成功便觉得自己很了不起，这是很不好的。优秀的孩子更需要虚心接受老师与父母的教诲、倾听朋友的意见，这样才有可能会走向成功。

从小就要培养孩子谦虚的品质，当他们在学习上获得优异的成绩时，帮助他们克服骄傲自满的情绪，让孩子保持一颗平常心，不要沾沾自喜、自以为是。

小贴士

1.让孩子看到自己的缺点

孩子从小就处在父母的夸奖中，受到许多人的关注，成长在一个受表扬和鼓励的环境中，变得更加自信。但是，在夸奖声中、赞美声中，孩子们只看到自己的优点，却看不到缺点，这对于孩子的成长是极为不利的。所以，父母需要引导孩子全面地了解自己，鼓励他们勇于接受批评，看到自己的缺点，虚心接受父母与老师的教育，这样孩子才能全面、健康地发展。

2.帮助孩子克制自满的情绪

孩子还处于学习知识、积累经验的阶段，对于内心蔓延出来的自高自大，他们并不懂得如何去克制。对此，父母应该保持警惕心理，鼓励孩子多读书，任何人都没有骄傲的资本。让孩子清楚地知道"谦虚使人进步，骄傲使人落后"，鼓励他们做一个谦虚的孩子。

3.引导孩子找到自己的榜样

成功人士大都非常谦虚，父母可以通过书籍了解名人的故事，以名人的事例来激励孩子懂得谦虚。当孩子有了自己崇拜的成功人士，并且了解他们成功的经历，就会逐渐使自己养成谦虚的好品质。父母应该让孩子明白谦虚会使人不断地提高自己，这样我们才能在学习上取得更大的成就。

互惠定律，懂得分享的孩子最快乐

互惠定律认为，我们应该尽量以相同的方式回报他人为我们所做的一切，即受人恩惠就要回报。在日常生活中，许多孩子都有这样的特点：表现得非常霸道，独占欲很强，喜欢一个人玩，在游戏中经常把许多玩具放在自己的周围，并常常对想玩自己玩具的小朋友说"这些玩具都是我的！你不能玩！"这样的孩子不会与他人分享，自然体会不到分享的快乐。

其实，造成这样的情况，大多数都与家庭环境和家庭教育有着极密切的关系。现在绝大多数孩子都是独生子女，因而他们都成了家庭的"中心人物"，父母以孩子为中心，独生子女缺乏与伙伴的交往等是造成孩子"霸道"、不会分享的根源。但是，只要父母从这些根源出发，对症下药，就能让孩子体会到分享的甜头，进而学会分享。

周末，妈妈带着潇潇去公园玩。孩子出门时就带了许多玩具，如小汽车、奥特曼模型等，他到公园的空地上把自己的玩具铺开，马上吸引了小朋友的眼光。有的小朋友眨巴着眼睛盯着潇潇的玩具，看样子十分想玩，妈妈对孩子说："跟小朋友一起玩，好不好？"潇潇马上抱着自己的玩具，说道："不可以，他们笨手笨脚的，万一把玩具弄坏了怎么办？"妈妈沉默了，这时潇潇看到公园里的一个小朋友独自在玩遥控飞机，潇潇对那小朋友投去了羡慕的眼光。妈妈看见了，对潇潇说：

"你也想玩吗？"孩子点点头，说："想玩。""那你向那个小朋友借玩具玩一下吧。"妈妈对潇潇说，潇潇用疑惑的眼神看了看妈妈，摇了摇头说："他又不认识我，怎么会把玩具借给我玩呢？"

虽然，那些不喜欢分享的"小气"孩子并不少见，而且"小气"也不算是什么大的缺点，但如果一个孩子什么都不愿意与他人分享，独占意识很强，他是很难与别人形成良好的人际关系的，这对于孩子今后的发展有着极为不利的影响。

让孩子学会分享，首要任务就是让孩子体会到分享的甜头，让他在与他人分享中获得快乐。久而久之，孩子就会主动与他人分享东西，也就养成了喜欢分享的良好行为习惯。

小贴士

1.不娇不溺，家人共享

父母不要溺爱孩子，让孩子吃独食，这样娇惯的孩子是不愿意与他人分享的。有的父母出于对孩子的爱，就把那些好吃的、好玩的全让给孩子，即使孩子想着与父母分享，父母也会推辞，让孩子一个人独享。时间长了，就强化了孩子的独享意识，孩子理所当然地把那些好吃的、好玩的占为己有。所以，父母不要娇惯和溺爱孩子，也不要以孩子为中心，甚至无限制、无条件地满足孩子的任何需求，而是让孩子学会感恩，学会把自己喜欢的东西拿出来与家人分享，让孩子体会到分享的甜头。

2.不要对孩子特殊化

在日常的家庭生活中，父母要形成一种"公平"的态度，这对防止孩子滋长"独享"意识有积极的意义。父母须教导孩子既要看到自己也要想到别人，懂得人与人之间相处是建立在平等的基础之上的。让孩子明白好东西应该与大家一起分享，不能只顾自己而不顾别人。

3.让孩子在分享中获得互利

许多孩子之所以不愿意与别人分享，是因为他觉得分享就意味着失去，这时候，父母应该理解孩子这种不愿意失去的心情，慢慢引导，让孩子明白分享并不是失去而是一种互利，分享体现了自己的大度与关怀，自己与别人分享了，别人也会回报自己的大度与关怀，这样在分享中获得一种快乐。一旦孩子在分享中获得了互利与快乐，就会乐于与别人分享自己的东西。

4.鼓励孩子学会与他人分享

父母可以积极创造机会让孩子与其他小朋友一起玩，让孩子在与同龄孩子游戏中变得大方，教给孩子与人交往的技巧，帮助孩子养成关爱他人、谦让友好的行为习惯。另外，还要鼓励孩子与他人分享，当孩子表现出分享的行为时，父母应该给予及时的鼓励和赞赏，让孩子感受到分享的快乐，得到来自父母的肯定与表扬。

学会"融合"，热情孩子的基点是责任心

心理学家认为，责任心是健全人格的基础，是未来能力发展的催化剂，更是孩子成长所必需的一种营养，它能够帮助孩子成长和独立。懂得自己的责任，学会负责，孩子才有了前进的动力；只有认识到自己的责任，孩子才知道自己应该做什么以及怎么去做。

一位家长举例说道：

暑假的时候，家里为孩子报了一个百科知识讲座，有时候我们忙，就建议孩子自己去。但是，孩子从来没单独去过，每次我们问他，他总是面不改色心不跳地说："老师不让我去。"

有一次，孩子和小表妹一起打扫卫生，孩子扫地速度快，小表妹速度较慢。孩子要打扫客厅的最前面，让站在前面的小表妹让路，小表妹让路的速度慢了一些，孩子就直接用扫帚将其推开，小表妹来向我告状。我问他事情的经过及原因，他说完后，让我大吃一惊，从孩子口中说出的一大段话竟没有一句是承认自己错的，而将错的原因推到了"她速度太慢了"，我紧接着问："难道你就没有做错吗？"看着孩子有些迷茫的眼神，我心里真的很失望：孩子怎么了？他们的责任心都到哪里去了？

孩子似乎总不愿意融合到人群中，在他们眼里总希望自己是对的，别人是错的。假如自己做错了，他们还会把责任推卸到其他人身上，这就是拒绝"融合效应"。然而，不懂得负

责、不懂得责任重要性的孩子永远也长不大。而那些凡是能够做出一番成就的人，都是懂得为自己的过失埋单并且敢于承担责任的人。

所以，父母应该努力把孩子培养成一个负责任的人。当孩子能够主动、自觉地尽职尽责，就可以获得满意的情感体验；相反，当孩子没有责任心，不能负责的时候，就会产生负疚和不安的情绪。

🤓 小贴士

1.让孩子学会对自己负责

一个人只有懂得尊重自己的感情，尊重自己的理想，珍惜自己的年华和生命的活力，才能从自己的理想出发来安排现实生活。责任心的培养是一个人成熟的标志，父母应该让孩子明白，无论做什么事情，都是为他们自己，如果他们什么也没有做好，没有得到大家对自己的认可，那么，他们就是对自己不负责任，最终，影响的还是他们自己。

比如，孩子的大部分责任是学习，假如学习不够认真，那就是对自己不负责任。此外，父母需要告诉孩子，对自己负责还包括对自己的事情负责，凡是能够自己做的事情都必须自己去做，包括穿衣、洗脸等，只有孩子从小养成对自己的事情负责的良好习惯，才有可能慢慢学会对父母、朋友、老师等有关的人和事负责。

2.引导孩子学会善待他人

关心他人，善待他人，是培养孩子对家庭和社会的责任心的基础。在日常生活中，引导孩子关心老人、病人和比自己小的孩子；当爷爷奶奶生病的时候，引导学会照顾他们；知道朋友的生日，并在生日那天给朋友送上一份生日礼物。

3.让孩子学会反省

心理学家认为，孩子需要适时反省。当孩子在分析问题的时候，只考虑别人的过错，总是为自己找借口，这有可能导致他们缺乏责任心。遇到了不能解决的困难，就把责任推到父母身上；学习成绩不好，就把责任推到老师身上。这些都是不良的行为习惯，父母需要告诉孩子：任何一件事情，我们首先应该反省的是自己，分析自己的过失、对错，明白自己在这件事中应该负什么样的责任。

第 2 章

行为教育，培养孩子良好习惯

　　谚语有云："行动养成习惯，习惯形成性格，性格决定命运。"良好习惯的养成对于一个人的一生都有重要的意义，良好行为习惯的养成更应该从孩子就开始。孩子的命运从思想、行为开端，但要落实于行为习惯之中，好习惯终身受益，坏习惯则终身受累。

强化定律，不断重复好的习惯

叶圣陶先生曾经说过："什么是教育？简单一句话，就是养成习惯。好的习惯一旦养成，不但学习效率会提高而且会使他们终身受益。"父母千万不要小看了"习惯"，一旦养成改起来很难，好习惯是这样，坏习惯也是如此，孩子的习惯一旦形成，就会直接影响其行为方式。

在行为心理学中，通常把一个人的新习惯或理念的形成并得以巩固至少需要21天的现象，称为21天效应。也就是说，一个人的动作或想法，假如不断重复21天就会变成一个习惯性的动作或想法。

俗话说："三岁看大。"这就强调了习惯的重要性。所以，培养孩子良好的习惯就要从孩子日常生活的细微处着手，也就是那些往往被父母忽视的小事，比如不爱干净、不尊重人、办事拖拉、不认真、不上进等。

一位妈妈发现孩子身上还有许多不良的习惯，特别是吃饭的时候，孩子不仅有严重的偏食现象，而且吃饭时满桌满地都是饭粒，这让妈妈很不满意。刚开始，妈妈在吃饭之前就提醒孩子要保持桌面干净，告诉孩子不要把垃圾放在桌面上，要放到垃

圾桶里，也警告孩子："不能只吃自己喜欢的，每一种菜都要尝尝，否则妈妈下次就专门做一些你不喜欢吃的菜。"可是，孩子还是改不过来，甚至对妈妈威胁说："我不吃饭总可以吧。"饭桌上依然一片狼藉、惨不忍睹。妈妈对此很苦恼。

一位诺贝尔奖获得者，在被记者问及成功经验从何而来时，他说："我的成功不是在哪所大学、实验室里得来的，而是从幼儿园里学来的。在幼儿园里，我认识了我的国家、民族，学会了怎样与人交流、相处，如何分享快乐，知道了饭前便后要洗手，玩完玩具要收好，对待别人要有礼貌，学会谦让、善于观察等。"由此可见，好习惯所带来的巨大收益，小时候养成的良好习惯对其一生都有决定性的意义。

不少教育专家指出："好习惯决定孩子的好命运。"习惯的力量是巨大的，一旦孩子养成了一个习惯，就会不知不觉地在这个轨道上运行。如果是一个好习惯，孩子将会终身受益，童年则是培养孩子良好习惯的最佳时期。

小贴士

1.培养孩子良好的习惯

俗话说："习惯成自然。"习惯一旦形成，就具有一定的稳定性，这就需要父母与孩子的努力。而那些不良习惯的改正则需要花更多的时间和精力，与其花费大量的时间来纠正孩子不良的习惯，不如一开始就让孩子养成良好的习惯。当然，好

习惯不是一朝一夕就能养成的，必须经过长时间的训练才能逐步养成，所以，父母对孩子的要求要有一定的持续性，不能三天打鱼两天晒网。另外，父母培养孩子良好的习惯，还需要连贯性，比如孩子的爷爷奶奶、外公外婆会比较宠爱孩子，助长孩子的不良习惯，父母对孩子的要求则比较严格，这时候，就需要稳定地坚持一种教育方式。

2.帮助孩子纠正不良习惯

虽然，父母十分注意培养孩子的生活习惯和学习习惯，但孩子难免会有一些坏习惯。这时候，就需要父母帮助孩子纠正不良的习惯，教育孩子是一门科学，必须讲究方法，纠正孩子不良的习惯也是同样的道理。父母要以鼓励、提醒为主，切忌打骂、斥责，进行正面引导，动之以情，晓之以理，循循善诱，在孩子改掉不良习惯的同时，也要把好的习惯渗透到孩子心里，让孩子养成良好的生活习惯和学习习惯。

3.父母的表率作用很重要

培养孩子良好的习惯，父母就要从自身做起，如果父母本身就没有好习惯，比如，不爱干净、花钱大手大脚、喜欢说脏话、做事不认真，孩子看在眼里、记在心里，时间长了，耳濡目染，就逐渐把父母身上的不良习惯集于自己身上。所以，要想孩子养成好习惯，父母就必须做出榜样和表率，那些有着不良习惯的父母也需要努力纠正，不断地完善自己，这既是教育孩子的需要，也是自己成功人生的需要。

集中注意力，别做"三分钟热度"的孩子

许多父母总是抱怨孩子太"懒"，做什么事情都需要提醒，否则他就坐在那里一动不动。其实，出现这样的情况，原因是多方面的：有的孩子是没有养成主动做事的习惯，孩子天性是比较敏感的，他们的注意力和兴趣容易转移，不能长久保持，因而不能很好地去做一件事情，即便是做起事情来也是"有头无尾"，或者毛毛躁躁，他们在写作业的时候，总是一会儿去喝水一会儿去洗手间一会儿又在窗户边上待一会儿；有的孩子是受到周围环境的影响，他们注意力不集中，总是被外界的东西所影响，比如玩具、动画片，这时他们就会停止手中正在做的事情，把注意力转移到另外的事情上去。

孩子很聪明、可爱，全家人都很喜欢，不过让爸爸妈妈有一点不满意的就是太"懒"了。妈妈常常这样说他："你就像那癞蛤蟆，我推你一下，你才走一步，从来不会主动向前走。"刚开始听到这句话，孩子很不理解，因为他没有看到过癞蛤蟆。

平时放学回到家，总是要爸爸妈妈催促三四遍："该写作业了""放学了就应该先把作业写了再玩，否则一会儿不许吃饭""宝贝，快来写作业，别玩了""乖，听话，赶快来把作业写了"……最后，孩子总要出去玩几次，才能把作业写完，有时甚至会拖到深夜。对此情况，爸妈很是头疼。

除此之外，孩子之所以会"懒"，在很大程度上就是父母

惯出来的。有时候，孩子的事情没有做好，父母发现了，为了省心省事，就大包大揽，让孩子失去了主动做事的机会，继而使孩子产生一种依赖感，养成做事需要有人提醒的习惯。这时候，如果父母不能正确对待，再加上孩子的模仿能力又强，使一些不良行为在孩子身上得以滋生。

所以，当父母发现孩子做事缺乏主动性，就应该进行正面教育，加以鼓励并进行引导，这样就能帮助孩子克服做事毛躁的不良习惯，使孩子养成主动做事的习惯。

小贴士

1.言传身教

父母是孩子的第一任老师，因而，父母教育孩子的最好方式就是言传身教。父母除了鼓励孩子主动做事，还需要以实际行动来告诉孩子主动做事是一种好习惯，也会从中获得许多有益的东西。比如，当孩子做完一件事情，父母应给予赞赏，并把孩子的成果展示给他看，让他获得一种成就感。当父母做好了榜样，给孩子树立起了良好的形象，孩子就会受到积极的影响，继而学会主动去做事情。

2.培养孩子主动做事的习惯

日常生活中，大多数孩子做事都毛手毛脚、虎头蛇尾，这时候父母应该制止孩子这种不良行为习惯的蔓延，进行正面引导，同时也要给予孩子一定的鼓励。当孩子在做一件事情的时候，父

母帮助指出明确的目的，对孩子做事的方法给予指导。从日常生活中的一件件小事做起，慢慢地培养孩子主动做事的习惯。

3.促进孩子主动做事的积极性

有时候，孩子做得不是很好，父母就一顿指责"做不好就别做了"，这样会打击孩子主动做事的积极性，下一次，他便不会主动去做事了。父母应该鼓励孩子去做事，即便孩子做的事情结果不令人满意，父母也应该先肯定孩子的成绩，这样可以有效地激发孩子主动做事的积极性。

4.适当地激励孩子

孩子缺乏做事的主动性，父母的态度是很重要的。当孩子有了偷懒的念头，父母应该站在孩子的角度，用鼓励性的语言来激励孩子，向孩子提出一些要求。这样，孩子就会在父母的鼓励下主动去做一些事情，他也会认为主动做事并没有想象中那么困难。

糖果效应，培养孩子对浪费的自控力

糖果效应是由心理学家萨勒提出的，他做了这样一个实验：对一群4岁的孩子说："桌上放着两块糖，假如你可以坚持20分钟，等我买完东西回来，这两块糖都给你。不过你如果不能等这么长时间，那就只能得一块，现在就可以得到这一块！"这对于4岁的孩子而言，确实是艰难的选择。孩子们既想得到两块

糖，又不想为此熬20分钟；如果想马上吃糖，那只能吃一块。

实验结果显示，三分之二的孩子宁愿等20分钟得两块糖，不过他们难以控制自己的欲望，有的孩子则把眼睛闭起来，或双臂抱头；三分之一的孩子选择马上吃一块糖，只用一秒就把糖塞进嘴里了。

从这个实验中我们可以看出，孩子自制力的建设需要反复进行才能有所效果，对孩子喜欢奢侈浪费的控制，也要在平时完成。

乐乐好像从来不珍惜食物，很贵的水果吃两口就会丢在一边去玩耍，鲜美的基围虾吃两口后说不吃就吐在餐桌上，发脾气时还会故意把东西扔在地板上。看到乐乐这样子，爸爸妈妈真担心她长大后会养成奢侈浪费的坏习惯。

乐乐的玩具堆满自己的小公主房，但她好像一点也不爱惜，喜新厌旧不说，最喜欢做的事情就是把玩具砸坏。比如，几百块钱的名牌车模硬是要买回来，结果摆在家里的小柜子上瞧也不瞧一眼；正品的小熊维尼被撕毁拉链挖出了内芯，高昂价格的机器狗被她在地板上摔来摔去。爸爸妈妈希望能够给孩子提供一个物质丰富的快乐童年，尽管有点心痛，不过只要买得起，还是忍不住给孩子不断购买新的高档玩具。

随着社会的不断进步，人们的生活条件也不断变好，继而提高了消费意识。其中，孩子成为社会消费的主力军，他们的消费水平在不断地提高，没有限制的攀比浪费现象层出不穷。现在，大多数孩子都是独生子女，被父母视为"掌上明珠"

"小皇帝"，父母的过分宠爱对孩子的身心发展会形成一种消极影响。尤其是助长了孩子浪费的不良习惯，使孩子勤俭节约的意识薄弱，许多孩子都存在不珍惜劳动成果、不爱护公物、铺张浪费等不良习惯，这必须引起每一位家长的重视。

实际上，让孩子从小养成勤俭节约的习惯是很重要的，问题并不在于有没有钱给孩子花，而是要让孩子懂得钱来得不容易，应该用在刀刃上，而不是过度挥霍，这样只会培养"败家子"。

爱默生曾经说过："节俭是你一生中食用不完的美丽宴席。"但在我们身边，有着太多这样的声音"这个玩具太旧了，扔了""我要买汽车、遥控飞机，我要买很多很多玩具""我觉得衣服太少了，我要买很多很多新衣服"。孩子虽然还很小，但花钱如流水的习惯已经养成，其实，作为父母，更应该明白即使生活富裕了也不能丢掉"勤俭节约"这个传家宝。

👧 小贴士

1.培养孩子勤俭节约的意识

父母可以通过讲一些故事教育和引导孩子从小就要勤俭节约，不贪图享乐，不爱慕虚荣。在家里经济条件许可的情况下，吃好一点、穿好一点是可以的，生活和学习的环境舒适一点也是可以的，但不能让孩子忘记勤俭节约。父母要教会孩子量入为出，给孩子讲勤俭持家的道理，使孩子懂得一粒米、一滴水都是辛勤劳动而来的，衣食住行也是父母花力气挣来的，

培养孩子勤俭节约的意识，也是塑造良好品德的开端。

2.父母要做好榜样

要想孩子养成勤俭节约的习惯，父母自身就要勤俭节约，如果做父母的花钱大手大脚，那孩子爱浪费就不足为怪了。喜欢模仿是孩子的特点，孩子的许多行为都是从模仿开始的。父母是孩子的第一任老师，父母的一言一行、一举一动都对孩子性格、品德的发展具有潜移默化的作用。父母在平时的生活中要勤俭节约，为孩子做好榜样，比如，随手关灯、不浪费自来水、爱惜粮食等，以自己良好的行为举止作为表率，去影响孩子，使孩子真正地养成勤俭节约的良好习惯。

3.让孩子热爱劳动

父母可以引导孩子进行一些力所能及的劳动，通过劳动明白收获的来之不易。比如在农忙的时候，父母可以带着孩子一起去拾稻穗，使他们理解什么是"谁知盘中餐，粒粒皆辛苦"。继而培养孩子热爱劳动、勤俭节约的习惯。另外，父母可以让孩子收集家里的旧物品，卖掉的钱可以存起来，然后捐助给那些贫穷的孩子。教会孩子变废为宝，比如用易拉罐做一个花篮，这样既可以让孩子体验劳动，也可以培养孩子勤俭节约的习惯。

4.引导孩子合理利用金钱

父母一般都有给孩子零花钱的习惯，但这时候，给孩子零花钱要有计划，适当地限制数额，不要有求必应，应该依据孩子年龄的大小、支配能力以及金钱的用途来给予。另外，引导

孩子学会记账，设计一本"零花钱记录本"将自己零花钱的去处进行记录，父母还可以与孩子一起讨论，哪些钱是该花的，哪些钱是没有必要花的，让孩子们明白钱要花在刀刃上。

水滴石穿定律，培养孩子坚持不懈的耐力

水滴石穿，不是水的力量，而是坚持的力量。孩子缺乏耐力主要表现在做事缺乏计划，想什么时候去做就什么时候去做，想什么时候放弃就什么时候放弃；做事情经常做到一半就放弃，不知道为什么要坚持，也不知道该如何坚持。

父母作为孩子的领航者，需要引导孩子认识耐力的重要性，并积极地培养孩子坚持不懈的耐力。当然，这是一个循序渐进的过程，需要父母有耐心。

军军是一个兴趣广泛的小男孩，他什么都想干，但常常是这个没有干完，又去干下一个，结果一件事情也没有干好。妈妈发现军军做事情很盲目，缺乏目的性和针对性，总是想做什么就做什么，累了就选择放弃，从来不会坚持到底。为了培养军军的耐力，每天睡觉前，妈妈都会让孩子将自己的书包整理好，再到卫生间洗脸洗脚，军军有时候会做到，但有时候太累就直接上床睡觉了，这让妈妈很伤脑筋。

周末，小表弟来军军家玩，和军军比赛搭积木，看谁搭得

又快又高，虽然这是军军从小就玩的游戏，但军军却明显地表现出心不在焉的状态。只见小表弟有条不紊地将积木一块一块地往上搭，倒了就重来，积木搭得越来越高。那边，军军可没有那个耐心，一会儿就觉得不耐烦了，他随便找出一块积木往上搭，结果积木全塌了。

坚持不懈地做一件事，需要很大的耐力，孩子的耐力是需要培养的，尤其是对于兴趣很容易转移的孩子，培养他的耐力更是刻不容缓的事情。现在，许多孩子稍微遇到一点困难就选择放弃，这对于他们未来的人生是极为不利的。因此，培养孩子坚持不懈的耐力应该从小做起。

如何让自己的孩子有耐力呢？当孩子不愿意继续完成一件事情，难道打骂就能解决问题吗？作为新时代的父母，必须摒弃落后的"棍棒"教育，坚持不懈去培养孩子的耐力。

耐力在孩子的成长过程中很重要，有时候成功不过是你比别人耐力强了一点，坚强地支撑了更多的时间。耐力是成功必备的条件之一，要想孩子在未来的人生中取得成功，那么，有意识地培养其耐力是必须的。

🤓 小贴士

1.以鼓励奖赏为主

如果父母能够为孩子制订可行的目标，他做事自然就会有耐力。比如，当孩子想要某种东西的时候，父母可以要求他先

达成一定的目标，当他能够完成这个目标，就把某样东西作为奖品给他。当然，随着孩子年龄的增长，他所想要的东西也越来越高档，不再是小时候喜欢的棒棒糖或玩具，这时候，父母就要以合理的原则来为孩子定下目标，让孩子自己争取努力的成果。比如，孩子想去旅游，那么，父母就可以有意识地把这一目标当作奖品，让孩子朝着目标完成一个阶段性的任务，可以是一学期的成绩，也可以是学习某种特长。父母也可以把制订目标的自主权交给孩子，让孩子提出一些要求，对于奖品父母只要觉得合理就可以。

2.在玩中锻炼耐力

爱玩是孩子的天性，他们往往能长时间地保持玩耍的状态，这其实也是一种耐力的表现。父母应该巧妙地在玩耍中锻炼孩子的耐力，让孩子把游戏当作比赛，以获得成就感来作为奖励。为了让孩子有耐心，父母可以和孩子一起融入游戏中去，父母可以在玩的过程中故意出错，让孩子找出错误所在，这样孩子就能集中注意力，长时间地专注某一件事。专注力是忍耐力的基础，培养了孩子的专注力，那耐力自然也就提升了。

3.在历练中锻炼耐力

孩子的兴趣越广泛，就越容易磨炼出耐力。一个人的耐力，实际上就是建立延迟满足欲望的能力。在这一过程中，孩子保持了长久的耐力，没有情绪上的波动，他的耐性自然

而然就建立起来了。所以，父母可以安排孩子多参加不同类型的兴趣活动，如果孩子喜欢唱歌跳舞，父母就鼓励他积极参与，孩子在兴趣的激发下自然愿意接受历练并考验自己。父母尽可能地把这样一个空间和平台提供给孩子，就是一个良好的开始。

4.给孩子一个挑战的机会

许多父母认为孩子太小，一些事情可能难以长时间地坚持下去，这也是很正常的。其实，只要父母相信孩子能够做到，并给孩子一个挑战自我的机会，那么孩子就一定有耐力去完成事情。父母可以选择一些孩子有能力做但现在还没有做到的事情，引导他们去完成，不要让孩子轻易地放弃。面对挑战，父母应该与孩子一起制订一个具体的目标，帮助孩子不断地尝试挑战自我、树立进取心。比如，孩子不喜欢运动，跑步一会儿就停下来了，这时候，父母可以规定他今天跑多少路程算今天的任务，明天再追加到多少，这样时间长了，孩子就有了足够的耐力。

时间管理，给孩子发出最后通牒

时间管理启示我们：珍惜时间，设定最后期限，你的效率会更高。许多孩子都有做事拖沓的习惯，他们常常会因为贪玩而误了作业，父母问他原因，他还会说出很多借口。其实，孩

子有这样的习惯对他的未来是相当不利的，习惯虽然不能决定一切，但一定程度上可以影响他做事的效率和风格，尤其是对于小孩子来说，一个小小的习惯有可能带来一生的阻碍。

中午，林妈妈打电话回家，问小虎作业完成得怎么样了，小虎兴奋地告诉妈妈"马上就写完了"。可是，晚上妈妈回家，小虎却不好意思地跟妈妈说："我下午多看了一会儿电视，作业没有写完，但没有多少了，明天玩了回来也可以写。"妈妈太了解小虎了，明天回来他会说累了不想写，因此，妈妈很生气："昨天晚上和今天早上，你都向妈妈做了保证，今天的作业必须写完，不能拖到明天，既然你今天的事情没有做完，那么晚上继续写，你可以拒绝不写，那么明天去公园的计划就取消。"看着妈妈这样严厉，小虎只好写完作业，第二天妈妈也兑现诺言带他去了公园。

这次之后，小虎明白了做任何事情都不要拖沓，今天的事情必须今天做完，否则就会影响到明天的事情。其实，早在以前，林妈妈就意识到了小虎做事喜欢拖拖拉拉的坏习惯，问他为什么没有完成，他就找借口，林妈妈觉得这样的习惯很不好，就采取最严厉的方式让小虎改掉了坏习惯。现在，小虎每天都会把该写完的作业做完，假期的时候，还会提前写完作业，这样他就有更多的时间来玩耍了。不仅如此，小虎还成了爸爸妈妈的监督者，当爸爸妈妈宣布今天要完成哪些事情，如果他们没有完成，小虎就会搬出妈妈的理论来监督他们。在

监督爸爸妈妈的过程中，小虎明白了"今日事今日毕"的重要性，有时候也会克制自己的惰性和贪玩心理，他把那句名言贴在自己的房间，以此来勉励自己。

播撒一个行为，你就会收获一种习惯；播种一种习惯，你会收获一种品格；播种一种品格，你会收获一种命运。孩子也许没有很好的天赋，但是他一旦养成了很好的习惯，就会使自己受益终身。因此，父母要让孩子养成"今日事今日毕"的良好习惯，这会成为他一生的财富。

有的孩子做事情拖拉或磨蹭，有自身的原因，也有外界因素的影响。比如，孩子贪玩、受到不应有的干扰、因问题难以解决而犯愁犹豫，这都可能造成孩子拖拉、磨蹭的习惯。生气不如花心思帮助孩子找出原因，对症下药，就能改变孩子拖拉的坏习惯。

小贴士

1.父母率先做好榜样

泰戈尔说："当你为错过太阳而流泪时，你也将错过月亮和星星。"人性本身就是散漫的，更何况是还不懂得控制自己的孩子。他们很难坚持一件事，对时间的控制也做得不到位，有可能一道题他会做得很久，导致很多事情不能完成，于是，把本来应该当天完成的事情拖到了第二天，还会为自己找借口。这样的情形不仅出现在孩子身上，有时候还会出现在父母

身上。所以，要想孩子养成良好的习惯，父母就应该率先做好榜样，任何时候做任何事都不要拖沓，让孩子从小就明白"今日事今日毕"的道理。某些时候，孩子本来就喜欢模仿父母的言行，如果父母能够以身作则，孩子就会意识到做事拖沓是不对的，进而有了时间的意识。

2.培养孩子"今日事今日毕"的习惯

在日常生活中，父母要有意识地培养孩子做事不拖沓的习惯。比如，当孩子独立写作业的时候，适当地限制时间，让孩子在规定的时间内写完作业，这样就会提高孩子的学习效率，也可以按时完成作业，不至于拖沓。另外，父母要有计划性地安排孩子一天的事情，比如到了假期，给孩子布置一定的作业，再给予一些自由支配的时间，但是，要告诉孩子"今天的事情必须今天做完，明天还会有明天的事情"，而且必须在做完事情的前提下才能自由支配时间，让孩子学会克制自己的惰性，克制自己想玩耍的心理，努力养成一个好的习惯。

3.让自然后果教育孩子

如果孩子做事经常磨蹭、拖拉，什么时候都需要父母催促，那父母可以试着不去理会这样的情况，既然他喜欢睡懒觉，就让他睡好了。本来小小的年纪自尊心就很强，如果他因为睡懒觉而迟到了，被老师当堂批评，自然会感到羞愧。时间长了，他也就改变了拖拉的坏习惯。

第 3 章

情绪教育，引导孩子管理自我

　　孩子的情绪发展对其个人与社会适应有着深远的影响，伴随整个人生，情绪可以作为孩子与他人沟通的一种方式，用来调节社会距离。实际上，孩子情绪的表达和成熟是需要学习与训练的。作为父母，有义务让孩子学会拥有成熟快乐的情绪。

霍桑效应，孩子的情绪需要宣泄

孩子慢慢长大，心里想的东西越来越多，那种"给块糖就不哭"的日子已经一去不复返了。他们开始用心感受世界，寻找自己的朋友，开始将心里的一个角落封闭起来只装入自己的小秘密。有时，他们忽然觉得自己充满了矛盾和困惑，内心烦躁不安，想找个人大吵一架。

孩子的心理是脆弱的，压力使处于天真烂漫年龄段的他们有时会感到无所适从，假如他们总把学习、生活或是人际交往中遇到的所有不愉快闷在心里，时间长了，难免有一天会做出什么无法收拾的事情，还可能会造成心理障碍。

社会心理学家所说的"霍桑效应"也就是所谓的"宣泄效应"。霍桑工厂是美国西部电器公司的一家分厂。为了提高工作效率，这个工厂请来包括心理学家在内的各种专家，在约两年的时间内找工人谈话两万余次，耐心听取工人对管理的意见和抱怨，让他们尽情地宣泄。结果，霍桑工厂的工作效率大大提高，而这种奇妙的现象就被称作"霍桑效应"。

小乐感冒还没有好，就想吃冰激凌，妈妈不同意。小乐生气地挥着小拳头打妈妈，边打边嚷嚷："打死你，打死你。"

看见小乐这样的行为表现，妈妈很无奈。

小乐是个内向的小姑娘，不喜欢说话，一遇上不高兴的事情，就狠狠地咬自己的手。小手上留下一个个的小牙印，让妈妈心疼极了。

每个孩子都会有一定的情绪状态，比如，恐惧、喜悦、悲哀、愤怒等。与成年人能够理智地控制情绪不同，孩子的自我控制能力较弱，有了负面的情绪就会当场发泄出来。由于孩子年纪尚小，与人交往、沟通的经验尚浅，且对自己产生的情绪认识不清，所以在出现负面情绪时不知道该如何表达，只好自己寻找方式来进行宣泄。

在没有父母引导的情况下，孩子自发的宣泄方式往往是不当的，如哭闹、攻击他人、伤害自己等。不过，即便孩子发泄情绪的方式有些过激，父母也应给予充分理解，需要做的不是阻止他们，更不是大发雷霆或使用暴力，而是让他们懂得发泄自己的情绪。当孩子情绪平复后，你会发现他比以前更懂事了，还会为自己的过激行为感到惭愧，并对父母的宽容心存感激。

作为父母要有一双敏锐的眼睛，随时洞察孩子的情绪变化。当发现孩子情绪低落或反常的时候，引导他们找一种好的发泄方式，试着与孩子进行心与心的交流和疏导。或是带孩子到野外登山，或进行剧烈的体育活动，让其情绪得以释放；或兑现一件孩子期待很久的承诺以满足其平时的不平衡心理。这

时你会发现自己的理解拉近了与孩子之间的距离，你们彼此之间的相处会更和睦、更愉快。

心理学家认为，每个人都应当学会发泄情绪，特别是孩子，他们心理承受能力差，也不会用大道理来开导自己，要他们能很快调整心态、做到豁然开朗似乎比较苛求。最直接的方法就是将情绪发泄出来，这对孩子的身心都有好处。

小贴士

1.避免粗暴对待

性格粗暴的父母看到孩子的不良宣泄时，忍不住暴跳如雷，简单地用粗鲁的方式直接压制，遏制孩子的发泄。这样的方法表面看起来效果明显，但实际上孩子是出于害怕才停止宣泄，原来的不良情绪并没有得到缓解，又多了被粗暴压制的痛苦，很容易出现情绪问题。长时间这样，孩子内心积压的情绪问题越来越多，性格会变得抑郁沮丧，终有一天会爆发。

2.避免轻易向孩子妥协

孩子的不良发泄有时是因为提出的要求没有得到满足，一些父母出于对孩子的疼爱或觉得烦躁，见到孩子哭闹就马上无条件"投降"，满足其所有要求。这样做的结果是让孩子产生误解，认为只要哭闹就会迫使父母就范，于是每当有不被允许的要求，就会哭闹、撒娇。

3.培养孩子广泛的兴趣

培养孩子多方面的兴趣，鼓励他们积极主动地投入各种活动，广泛地与他人尤其是同龄孩子交往，是让孩子学会积极的情绪宣泄的有效方法之一。尤其当孩子出现不良情绪时，父母不能长时间让孩子沉浸在消极情绪里，而是引导孩子学会消除不良情绪，让孩子真正懂得在遇到挫折或冲突时，不能将自己的思想陷入引起冲突或挫折的情绪之中，而应尽快地摆脱这种情境，投入自己感兴趣的其他活动中去。

4.允许孩子向父母宣泄情绪

孩子在遭遇冲突或挫折时，往往会将事由或心中的不满告诉父母，以寻求同情和安慰。孩子经常喜欢"告状"，这是以寻求支持的方式应付心理压力的策略。父母应该予以理解，这不仅体现了孩子对父母的信任，同时也是孩子消除心理郁积的常用方式。

5.设置冲突情境，给予"补偿"教育

父母对于孩子表达的情绪体验、感受，不应妄加批评或评论，而是要通过设置冲突情境教会孩子表述自己的感受，讨论和商量出合理解决的办法。在冲突情境出现后要让孩子自己进行评论，学会寻找解决矛盾、让冲突双方都高兴的策略，让孩子通过讨论，自觉地按照合理的方式宣泄不良情绪。

适度原则，不娇惯允许偶尔撒娇

日本教育作家明桥大二曾提出，父母应在孩子童年时期培养其自我肯定感，让孩子撒娇，促使其形成独立的人格。自我肯定感是孩子心灵成长的根基，0岁到3岁是培养孩子自我肯定感的最佳时期。然而，许多父母大多关注孩子的身体健康和学习，忽视了孩子的心理健康。

适度的原则，即使事物的变化保持在适当的量的范围内，既要防止"过"，又要防止"不及"。父母应该允许孩子撒娇，不过并非娇生惯养。平时生活中，我们对于"小皇帝"的报道听得很多，对于娇生惯养的危害也印象颇深。

因此，大多数父母都会有这样的认识：不能娇惯孩子。这本来是一种好的教育方式，娇生惯养只会纵容孩子一些不合理的倾向、习惯，对孩子的成长是极为不利的，比如，吃零食、看电视、买玩具、玩游戏等，假如孩子的行为没有被约束，恐怕他们会无节制地追求玩具游戏等，就好像成年人迷恋金钱、名誉、权力。

有一天晚上凌晨1点的时候，爸爸妈妈刚刚睡着，就听到5岁的女儿喊："妈妈，妈妈，我要去厕所。"妈妈对宝贝说："你自己去吧，来妈妈这里拿电筒。"女儿直嚷着："我不去，我害怕，我要妈妈陪着去。"妈妈好心劝导："宝贝，你自己去吧，我们先不睡觉，在床上看着你，直到你回来，好

吗？"但是，不管妈妈怎么说，她就是不肯去，在床上哼哼唧唧。顿时，妈妈觉得自己火气直往上冒，然后就说："要去就自己去，不然就拉在床上。"女儿听后哇哇地大哭起来。

妈妈越听越生气，把孩子说了一通。尽管妈妈潜意识里觉得自己不应该发火，但就是控制不住自己，总是觉得那么大的孩子，也太娇气了，自己上个厕所都不敢。她总是跟妈妈说怕鬼怕坏人，妈妈也无数次地告诉她这世界上是没有鬼的，所有关于鬼的一切都是人类自己编造的。至于坏人嘛，家里的门都锁得死死的，坏人哪有那么容易就进来了？而且爸爸妈妈都在家里，干吗啥事都需要爸爸妈妈陪伴呢？

不过，父母都是喜欢矫枉过正的。在不知不觉间，连孩子正常的愿望、欲望也限制了，将孩子正常的心理、需求也视为娇气。父母对孩子有比较高的要求，希望孩子可以早点坚强、自立、成熟。孩子在成长过程中是慢慢长大的，比如他们小时候怕狗、怕猫，恐惧心理是莫名其妙的，不是想不害怕就可以做到的，与意志无关，也不是娇气的事情，作为父母需要适时满足孩子内心的自我肯定感。

自我肯定感，是让孩子意识到"我是有存在价值的，是被别人需要的，做我自己就可以"。一旦孩子有了自我肯定感，才会有学习欲望，才能促使其提高素养，形成良好习惯。假如缺乏自我肯定感，孩子会认为自己活得没有价值，反而容易丧失努力学习和提高素养的欲望。

小贴士

1.多拥抱孩子

怎样培养孩子的自我肯定感？明桥大二认为，父母应多拥抱孩子，仔细聆听孩子讲话，让孩子感受到父母对自己的重视。当然，对于幼儿来说，多给孩子换尿布、喂母乳等也是培养孩子自我肯定感的有效方式。

2.10岁以前的孩子允许其撒娇

让孩子撒娇，有利于培养孩子的自我肯定感。孩子10岁以前要允许其撒娇，让孩子获得依赖感和安全感，有依赖感和安全感的孩子才有意愿向往独立。父母要杜绝不让孩子撒娇，也就是无视或放任不管，以及过度干涉孩子。

3.允许孩子合乎情理的撒娇

父母要学会区分孩子的撒娇哪些是合乎情理的，哪些是不合乎情理的。比如孩子生病、身体不舒服时，就比较容易撒娇；婴儿在每天的午后和晚上要睡觉时会撒娇；外界扰乱了孩子的生活习惯就可能导致孩子吵闹、撒娇；孩子到了一个陌生的环境，因为不熟悉环境而产生心理不愉快也会撒娇；当孩子情绪低落、心情不舒畅时也容易撒娇……这些父母都应该予以理解、原谅。

4.允许孩子撒娇并不是娇惯孩子

允许孩子撒娇和娇惯孩子是两个概念，允许孩子撒娇，更

多的是理解和适度满足孩子的正常心理需求。孩子本来就是孩子，一点儿都不娇气那就成大人了。而娇惯孩子更多是无节制地满足孩子的欲望，纵容孩子过分的表现。允许孩子撒娇与娇惯孩子不同，前者是满足孩子情感上的需求，对孩子依靠自身能力可以做到的事要尽量放手；后者是满足孩子物质上的需求，对孩子的事大包大揽。允许孩子撒娇，他并没有被"惯"得娇气，孩子自身的生命力和自立能力是茁壮的，会自然地生发出来。

避雷针效应，理解和调适孩子的情绪

孩子年龄越小越容易由于生理性需求未达到满足而引起惧怕，引发其负面情绪。一旦出现这样的情况，父母切记负面情绪宜"疏"不宜"堵"。

哭闹是孩子发泄情绪的本能，假如发作前期不能控制住，不妨让孩子先宣泄一下情绪。父母要保持冷静的心态，等孩子情绪稳定点再用简单的语言解释，用轻松的口气告诉孩子不要着急，以此缓解孩子的不良情绪。

避雷针效应启示我们：善疏则通，能导必安。父母总会对孩子说："别这样，你这孩子怎么这么不懂事。"实际上，父母这样的表达就否认了孩子的不良情绪。孩子会感觉到自己不应该有这样的情绪，而应该像机器一样，始终保持良好的情绪

状态。如此不仅不会让孩子宣泄负面情绪，还会助长孩子的压抑感和自我否认。

孩子会先认同父母的说法，压抑自己的情绪，时间长了连他都意识不到自己还有负面情绪，这样的教育方式往往会导致孩子发展出一些心理问题或心理障碍。

学校即将有一场重要的篮球比赛，小东很高兴，走路时都是跳着走，他想好好表现一下。不料在下楼梯时，他激动得一跃而下，结果扭伤了脚。小东的心情顿时从沸点降到冰点，他很气恼，狠狠地用拳头砸墙。

放学后，小东失落地回到家，父母看到他脚扭伤了，赶紧问："哎呀，你打球不小心扭伤脚啦？"小东听到"打球"二字，大吼一声，冲进了屋子。父母吓了一跳，听到小东在屋里大叫了几声。

有的父母面对发脾气的孩子，则表示"没什么大不了，有爸爸妈妈在，什么都会帮你解决"。他们希望通过这种方式来宽慰孩子，帮孩子减轻思想负担，但结果却适得其反。这种教育方式的问题并不在于没有爱，而是爱的方式出了问题，父母过分地在思想上控制孩子，以爱的名义剥夺孩子自由思想的空间。

小贴士

1.了解孩子沉默的原因

孩子不善于用语言表达情绪，孩子开始沉默，就表示他的

情绪有波动了，父母要用心观察，别让孩子被负面情绪所困扰。孩子的情绪表达中，有一种方式叫作沉默。父母不要因为工作忙而忽略这个细节，及时给予孩子关注和引导，就可以让孩子远离负面情绪，重新平静、快乐地生活。

2.允许孩子哭泣

假如孩子因为伤痛哭泣时，父母别责备他，不要对他说"做人要勇敢，不能哭"之类的话。孩子哭泣，表示他的情感正处于最脆弱、最需要安慰的时刻，这时父母要允许孩子哭泣。与成年人相比，孩子行为的目的性更强，他向人哭诉，是希望有人给予自己真正的帮助，急切地想寻求解决问题的方法，并不只是想获得心理上的安慰。父母应给予孩子及时的帮助，让孩子顺利地渡过难关。

3.允许孩子发脾气

当孩子用大喊大叫、发脾气等方式来发泄情绪时，父母别生气，更别在这时训斥、制止，让他先好好发泄，然后再与孩子谈心，会达到更好的效果。小男孩体内的睾丸素让他们在受到刺激时，比成年人更愤怒，更需要发泄。孩子用身体冲撞、大吼大叫等方式来发泄情绪时，父母别担心，也别批评，让孩子痛快地发泄之后再找回内心的平静。

4.理解孩子的负面情绪

父母一定要学会理解、接纳、保护、疏导孩子的负面情绪。因为孩子出现负面情绪是很正常的事情，他们感到惧怕才

知道注意安全；他们感到愧疚才知道有些事情是不对的；感到难过才会理解别人的悲伤。所以，父母不要总是否认孩子正常的情绪表达，也不要过分压制孩子的表达。

5.保持积极的亲子沟通

父母在与孩子相处时，一定要学会耐心地倾听，让沟通对孩子的负面情绪起引导作用。那些能闹、能说、接纳自己天性的孩子才容易成为心理健康的孩子，所以，亲子之间的积极沟通可以让孩子有地方说心里话、有地方释放情绪压力，让家庭成为孩子有话可说、能说真话的空间。父母不要压抑孩子的真实想法，不否认孩子正常的情绪表现，这样培养出来的孩子才会更健康。

习得性无助，童年不需要完美

对孩子而言，没有比拥有一个"完美"的童年更糟糕的事情了。法国教育家福禄贝尔曾说："推动摇篮的手就是推动地球的手。"作为父母，智商并不是第一位的，不过智慧一定是最关键的。孩子犯错并不可怕，可怕的是父母对待孩子犯错的方式。

不当的管教方式，不仅不能让孩子认识到错误的本质、体验到犯错的后果，反而让孩子身心受到更大的伤害，甚至会让

孩子走向父母期望的另外一个极端。

习得性无助心理，指的是因为重复的失败或惩罚而造成的听任摆布的行为。孩子天生就是积极的，喜欢尝试的。只要他一睁开眼睛，就尝试着到处看；当他能控制自己的动作时，就喜欢到处爬。自然，由于许多事情都是第一次，难免会出错。假如孩子的每一次尝试父母都报以严厉呵斥"不准"或大惊小怪地惊呼"危险"时，他就好像被电击一样，时间长了，他对自己所做的事情就会变得那么不自信，因为他不知道自己做完之后父母是否又该大声说"不"。最后，他会如父母所愿变成一个乖孩子，不过却把"自卑"的种子深深地根植于心中。

赵妈妈抱怨，儿子每天小错不断，大错隔三岔五，每天在家里搞破坏，比如早上起来孩子把卷筒纸缠在身上做飘带，上学路上把奥特曼拆得七零八碎，幼儿园老师反映他把洗手池的水龙头堵了，想看看水还能从哪里冒出来……

后院里的花朵一天天减少，小家伙摘了种在土里、泡在水里，屡种屡死；饭后积极收拾碗筷却摔坏碗筷，还不打自招地称"我不是故意的"，然后恍然大悟地说："妈妈，原来瓷盘子真的能摔碎呀！"对于孩子幼稚且故意犯下的错误，妈妈十分生气，训过几次，不过没什么效果，反而变本加厉故意作对，这让妈妈很头疼。

心理学家告诫父母们：不要努力培养"不会犯错的孩

子"。父母在教导孩子时，总是亦步亦趋地紧盯着孩子，要求孩子不要犯错。只要孩子错了一点点，就着急叮咛与矫正，担心孩子做错事。不过，父母是否认真考虑过，这样真的是对孩子最好的方式吗？小时候不让孩子去尝试，等到长大后又抱怨孩子很被动，没人教他就不会动；小时候不让孩子"失败"，等到长大后却又抱怨孩子怕"挫折"，一遇困难就放弃。

孩子衡量自己的唯一途径是通过父母的反应，父母应传递给孩子的信息是：只要尽最大努力就够了，错误是学习和成长中很自然的一部分。通过犯错误，让孩子学到什么是对的、什么是对自己最好的。当孩子得到明确的信息，明白犯错误没关系，那些不良反应就可以避免。所以，父母应允许孩子犯错误，且视错误为学习的过程，让孩子有机会得到充分的发展。

每个孩子天生就是纯真而美好的，他们带着自己独特的命运来到这个世界。作为父母，最重要的任务是识别、尊重并培养孩子自然而独特的成长过程，有责任明智地支持孩子，帮助他们发展自己的天赋和优点。父母要意识到，没有哪个孩子是完美的，所有的孩子都会犯错误，这是不可避免的。

小贴士

1.鼓励孩子大胆尝试

孩子就像是天生的"探险家"，凡事都要亲身去尝试，才会愿意相信这是事实。即便父母对他说："这个杯子很烫。"

假如杯口没有冒热气，孩子总要摸一下才会愿意相信。尽管这在父母看来是调皮，不过也就是因为这样的"天真"与"执着"，让孩子与父母有着截然不同的想法。允许孩子犯错，实际上就是鼓励孩子不怕失败、敢于尝试。

2.重视孩子的天性与特长

当父母把所有的精力都放在培养孩子"不会犯错"上，忽略了孩子的天性与特性，这样的努力到头来可能是一场空，且会让孩子感到筋疲力尽。孩子的成功值得表扬，不过"失败"也不是一件坏事，最重要的是孩子喜欢"探索"与"尝试"。父母应该重视孩子的天性与特性，鼓励孩子在尝试中成长。

3.不要把"不可以"挂在嘴边

婴儿是在跌跌撞撞中学会走路的，那是因为不怕跌倒，才可以走得很好。父母不要总是把"不可以"挂在嘴边，这不是在保护孩子，而是在限制孩子的发展。相反，父母可以告诉孩子"可以怎么做"，给孩子一些练习的时间，不要期望一次尝试就可以取得好的结果，毕竟孩子需要练习才会熟练。

4.鼓励孩子认错

假如孩子真的犯错了，父母需要耐心教导，鼓励孩子承认错误。让孩子明白，犯错是一件很平常的事情，每个人都会犯错，只要勇于改正就是好孩子。在这个过程中，父母要有足够的耐心，否则就会让孩子因害怕受到惩罚而隐瞒自己的错误。在他们看来，与其面对惩罚，还不如隐瞒所做的事情并希望不

被发现。

5.别给孩子乱贴"标签"

当孩子犯错的时候，记住不论自己多么生气、多恼火，一定要努力克制住情绪，不要乱贴"标签"，比如"坏孩子""惹祸精"等。等到父母和孩子都心平气和的时候，不用命令的语气，而是用建议的方式跟孩子沟通他的错误，这样父母会更深刻地了解孩子犯错的心路历程，借此引导孩子认识世界，引领孩子健康成长。

杜利奥定律，父母情绪稳定是最好的教育

心理咨询室每天都会接待大量的孩子和父母的咨询，其中父母明显多于孩子。心理咨询师认为，有的父母在考试前担心孩子考不好，整天愁眉苦脸，很少说话，而且这种情绪会或多或少地感染孩子，形成"交叉感染"。所以，心理专家提醒每一位家长一定要保持愉快的情绪、平和的心态，学会自我减压，为孩子营造温馨的气氛，让孩子轻松备考。

杜利奥定律启示我们：心态好，一切都好。随着考试的临近，医院的心理咨询室成为考前心理减压的热门科室。但是，每次大型考试来临，在减压人群中，父母自己压力过大的居然占了大多数，那些做心理减压的父母几乎是孩子的两倍多。

　　为什么会出现这样的情况？著名心理咨询师解释说，随着考试临近，一人考试、全家备考的现象比较普遍，高度担心孩子的考试成绩很容易导致父母产生心理障碍。

　　距离孩子入学考试越来越近，孩子在老师的指导下按部就班地备考，闲在一边的妈妈却显得很焦虑。她想给孩子帮忙，想了解孩子的情况，却又怕方法不对适得其反。这几天孩子正在进行模拟考试，在公司与同事讨论孩子的成绩成为妈妈的主要话题，她的喜怒哀乐几乎与孩子一次次的考试成绩相关，成绩似乎成了妈妈的"晴雨表"。这两天，妈妈发觉自己瘦了一圈，睡眠质量也下降了，工作质量也有所下降。除了考试，妈妈对其他的事情不再关注，晚上回到家也不看电视，理由是为孩子营造安静的环境。

　　距离孩子入学考试还有一个多月，妈妈出现了失眠、食欲不振、焦虑等症状，好像没办法控制自己的情绪了。

　　随着考试的接踵而来，许多父母的情绪随着孩子考试成绩的好坏起伏，忽上忽下、亦喜亦忧。由此可见，父母为了孩子的前途而焦虑，甚至比孩子的焦虑程度还要高，他们的焦虑表现为多方面：可能在短时期内体重下降；对孩子的身体状况过分担忧；经常会下意识地提醒孩子不要有压力；经常失眠，睡眠质量下降；工作大受影响；除了考试，他们不再关心其他事情；经常在家里发脾气。

　　其实，这些表现都会影响到正常的家庭生活，还会把这种

紧张情绪感染给孩子。所以，提醒各位父母在给孩子减压的同时，也要学会自我减压，避免营造紧张氛围。

小贴士

1.不要刻意营造紧张氛围

孩子即将面临重大考试，不少父母的神经开始绷紧了，刻意减少了自己的娱乐时间，希望能给孩子营造一个安静的学习环境。这样一次考试下来，父母比孩子还要紧张，为了给孩子减压，许多父母克制自己不去问孩子的学习和考试情况，甚至不敢在孩子面前多提"考试"，家里的饮食、作息时间都以孩子为中心。其实，父母越是这样刻意地打乱日常生活，你所传递给孩子的情绪就越糟糕，而且自己也会手忙脚乱。建议父母不要打破日常生活习惯，既不要打破日常生活规律，也不要以孩子为中心，适当减少对孩子的关注。当父母保持一种正常的生活，该干吗就干吗，自然也就没有那么紧张了。

2.保持一颗平常心

考试的分量越来越重，孩子又是家里的独生子女，父母缺乏应考经验，出现紧张焦虑的情况是正常的。虽然，小升初是孩子人生中第一次转折考试，可对于漫长人生而言，这不过是一次普通考试。父母需要调整好心态，从实际出发，抱着合理的期望值，不要让完美主义压垮自己，把更多的精力放在了解

孩子的学习情况上，以及关注孩子在其他方面的发展。

3.主动与孩子沟通

有的孩子性格比较内向，一个人紧张到哭，却不愿意告诉父母，而父母不知道发生了什么事情，又害怕不当的询问增加孩子的心理压力，在这一过程中，父母也增加了自己的心理压力。这时候，父母要主动与孩子沟通，善于倾听孩子的心声，做孩子的忠实听众。如果孩子遇到了问题，父母要与他一起分析，帮助孩子正确认识自己、化解问题、树立信心。与孩子沟通的时候，父母不要高高在上，要做孩子的知心朋友，这样将增加与孩子的正常沟通和交流，减少自己的盲目猜测和怀疑。

4.不要过度关注孩子的成绩，学会自我减压

父母需要为自己减压，只有自己轻松了才能让孩子也轻松。其实，父母在为自己减压的同时，也是为孩子减压。不要过度关注孩子的成绩，虽然我们不能改变分数的高低，但我们可以改变自己的态度。父母应该调整好自己的心态，不要过度地关注孩子的学习或考试成绩，在适当的时候提醒就可以了。

第 4 章

个性教育，发挥孩子性格优势

好的教育应因材施教，个性教育是未来教育的发展趋势。世界上没有两片相同的叶子，每个孩子都是独一无二的，由于个体差异，父母应该根据孩子个性为其提供最适合、最符合其兴趣的教育。

浪漫型，照顾孩子柔弱的心灵

多愁善感的孩子喜欢流泪，很多时候即使不当着父母的面，他们也总是一副心事重重的样子。在平时的生活中，这样的孩子往往感情细腻、复杂，经常想得很多，顾虑也很多。由于孩子都是家里的宝贝，父母或多或少对孩子都有迁就，特别是老人，为孩子包办得过多，所以造就了孩子强烈的自我意识和依赖思想，似乎受不了一点委屈，凡事总为自己考虑，稍微有一点不如意就开始哭闹耍脾气。

圆圆马上就6岁了，他胆子一向很小，在学校几乎不敢和老师讲话，更不用说上课主动举手发言了。在商店，也不敢和商店的阿姨要礼物，看到其他小朋友兴高采烈地炫耀他们的礼品，他也害怕上前去。

前天，我们家养了几天的小鱼死了，他大哭了一场，然后一个人在那里自言自语地唠叨："我们养的小鱼死了，养的小鸟飞走了，养的花枯萎了，养的小鸡跑了，养的小孩顽皮极了。"我实在想不通，为什么这么小的孩子会有如此多的悲观情绪。小鱼生病时，圆圆还说："我代替小鱼生病好了，假如小鱼死了我也不活了。"作为妈妈，我很担心他这种心态，对

这样的孩子我们该怎么引导呢?

当然，孩子的性格和家庭的教育环境也有很大的关系，假如父母多愁善感，孩子肯定一样；假如父母开朗大方，孩子也会很阳光，所以父母尽可能不要在孩子面前吵架，为孩子营造良好的家庭环境。此外，父母遇到事情要往好的方面想，乐观一点，否则孩子也会耳濡目染，最后建议父亲多陪陪孩子。毕竟，和父亲在一起，孩子会更加坚强、更加勇敢，尽管母亲也会对孩子形成坚强、勇敢的品质产生影响，不过不如父亲的榜样作用，所以父亲有条件的话可以多陪陪孩子。

小贴士

1.语气平和地安慰孩子

多愁善感的孩子往往感情细腻、复杂，经常想得太多、顾虑太多。当孩子多愁善感时，父母首先要语气平和地安慰孩子，向孩子表明自己的感受和他是一致的，与孩子产生感情上的共鸣，让孩子意识到父母是与自己一起分担忧伤的。当然，父母可以利用时机，以孩子伤感的事物做媒介，理智、科学地对他进行教育，这样有利于孩子学会较为冷静、恰当地面对人生的挫折和不幸。

2.尽可能与孩子多商量

如果希望多愁善感的孩子变得坚强，父母不要总按照自己的意愿塑造孩子，让孩子言听计从。任何事情都要尽可能与孩

子商量，特别是孩子自己的事情，父母一定要尊重他的想法，多听取孩子的建议。

3.多看到孩子的优点

那些多愁善感的孩子总是担心被别人否定，因此，父母要多关心孩子的优点，并常常以欣赏的语气鼓励他，孩子得到了肯定，就会增强自信心，其性格也会开朗起来。在平时的生活中，父母需要细心观察孩子的喜好、努力挖掘孩子的潜能，然后创造条件让孩子有展示、表现自己的机会，一旦孩子获得了成功的体验，就会坚强起来。

4.不要总是指责孩子

多愁善感的孩子大多缺乏自信心，父母不要总是指责孩子，这样的教育方式是不妥当的。因此，当孩子不会做某件事时，父母要向孩子解释和示范如何做才是正确的，孩子会做了，父母就会少一份担心，多一份乐观，孩子也敢于积极地去做。

5.营造轻松、欢乐的家庭氛围

平时，父母要注意营造轻松、欢乐的家庭环境和氛围，使孩子从小就有一个良好的生活环境。比如父母经常说说笑话，说些有趣的事情，对于一些悲伤的事情，父母最好不要在多愁善感的孩子面前表现得过于惋惜、难过，避免孩子受到影响。当孩子表现出多愁善感时，父母最好的方法是转移其注意力，缓解孩子的痛苦情绪。

6.让孩子明白哭是没用的

当孩子由于多愁善感而掉眼泪时，父母要让孩子知道哭是没有用的，解决不了任何问题，即便哭得昏天黑地也不能改变事情的最后结果。告诉孩子，正确的做法就是把眼泪擦掉，勇敢面对，坚强地迎接新的生活。

7.转移注意力

对于家中发生的一些事情，比如小鸡死了、养的花枯萎了、养的小松鼠跑了等，很有可能父母在孩子面前表示出惋惜、难过，孩子也会受到影响。孩子有了这种情绪是痛苦的，不过，仅仅凭语言解释和安慰是不够的，比较好的办法就是转移注意力，比如带孩子去逛逛超市，买点零食回家吃；到书店逛逛，买几本书回家看；到玩具店买几样玩的东西回家玩，缓解痛苦的情绪。过段时间，孩子的情绪就会好转了。

领导型，锻炼孩子的领导能力

领导型的孩子坚信所有的事情靠自己，很少依赖别人，不过希望所有人依赖他们。假如他们发现某些人身上有自己看不过去的行为习惯，或是做了他们认为不对的事情，他们就会马上指出来，完全不考虑具体的情况和周围的环境，也很少会考虑对方的感受。

孩子的领导才能是各种能力的综合，在他发挥领导才能的过程中，其综合分析能力、创造能力、决策能力、随机应变能力、协调能力、语言表达能力都得到了相应的锻炼。当然，孩子身上所体现出来的领导才能并不同于成人群体中的领导才能。在孩子身上，并没有体现出过多的权力因素，而是更多的自信和成就感。一个孩子如果具备了一定的领导能力，那么他在交往、应变、语言表达能力等方面都会远远超过同龄的孩子，这样在他身边的孩子就会对其产生一种亲切感、信赖感和佩服感。

小坤从小就是一个"孩子王"，他好像天生就对权力特别着迷，而且永远精力充沛。在与身边的孩子相处时，小坤的支配欲就开始蠢蠢欲动，恨不得把周围的小朋友都收在自己的麾下，总是指挥他们："小胖，这次捉迷藏你负责来抓我们，不要偷看啊""花花，你把我们的衣服拿着，别丢地上弄脏了""妈妈，快帮我把牙膏挤好"……在与小伙伴相处时，他好像不会考虑其他小朋友的感受。所以，经常有其他小朋友向小坤妈妈告状："阿姨，小坤欺负我，呜呜……"每每这时候，妈妈就特别无奈，该怎么办呢？

小坤是典型的领导型孩子，这类型孩子幼小的心里总以为自己是蜘蛛侠，就是拯救全人类的勇士。这种性格的孩子对权力特别着迷，在他们看来只要掌控整个局面，就能获得安全感和成就感。平时生活中，他们总是精力充沛，而且难以屈服于

别人，在他们看来向其他孩子低头，就是损耗自己的理论，是放弃自己的权利或需要的东西。当然，这会导致他们严重的自我膨胀，有时难免会伤害到其他孩子。

领导才能对孩子未来的发展有极大的帮助，一个习惯于做"孩子王"的孩子，能在未来的人生中扮演独当一面的角色，甚至带领自己的团队，因为他过早地接触了领导才能的方方面面。另外，对孩子当下的表现也有很大的帮助，那些具有领导才能的孩子往往担任了学习上的领导者，比如，班长、中队长之类的职务。而且，他们在课余活动中表现出来的领导才能，比智力或学习成绩更能准确地预测其将来的成就。

假如孩子具备领袖型性格，或其领导型的气质崭露头角，父母则应该予以正确的引导。若孩子没有这样的性格特征，父母也可以通过有效的办法培养其领导才能。

小贴士

1.培养孩子的沟通能力

领导者总是吩咐别人来做事，这就需要领导者具有比常人更优秀的沟通能力。领导者要有理解别人的能力，与人沟通，协调同伴之间的矛盾和冲突，解决发生在内部的分歧，让大家朝着一个方向努力，这样，领导者才能赢得别人的尊敬。所以，在日常生活中，父母需要培养孩子的沟通能力；在家庭活动中，锻炼孩子小主人的意识，让孩子懂得理解别人、团结别

人、培养与别人沟通的能力。

2.培养孩子的自信心

大多数孩子都有一定的依赖性，这其实是他们丧失自信的一个重要原因。孩子缺乏自信，因而总不敢单独去完成一些任务。所以，当父母吩咐孩子去完成一件事情的时候，要学会鼓励孩子："我知道你一定能做得到。"如果孩子取得了成功，父母要给予夸奖："你果然做到了，真了不起。"当孩子听到这样的话，自信心就会大增。孩子对自己的能力充满了自信，他就能够独立思考、独立行动，尤其是当孩子参与同龄孩子的活动时，他就会敢于参加，而且有一种必须成功的劲头。孩子有了一定的自信心，就会有自信去领导自己的团队。

3.培养孩子的责任意识

领导者是有一定的责任意识的，他会对自己团队的成功与失败负责。对于孩子来说，他的责任意识就表现在他对自己、对他人以及日常生活中各种事情的态度上。所以，为了培养孩子的责任意识，父母不仅要要求孩子自己的事情自己去做，还需要让孩子懂得对自己的言行负责，比如，当他要去做一件事情的时候，就必须认真完成，这就是一种负责任的行为。

4.培养孩子的决策能力和创新能力

父母常常把孩子当作没有想法的附属品，其实，孩子也能够感受到"自我"和"自我存在"，他们也经常为"什么都得听父母的"而烦恼。在这种强烈自我意识的心态下，孩子渴望

独立行动并开始做决策。所以，随着孩子年龄的增长，父母要摒弃事事包办的习惯，尊重孩子的兴趣选择、价值判断等各方面的权利，给予孩子最大的信任，指导并帮助孩子独立自主地发展。

创新能力是一个领导者不可缺乏的素质，其实，创新能力隐藏在每个孩子身上，即便是年龄很小的孩子，也有一定的创造力。这时候，父母应以奖赏的方式呵护孩子的好奇心，激发他内心的探索欲望，这样有助于培养孩子的创造性思维能力，也可以不断地增强孩子的自信心。

自我型，给予孩子更多的关心

自我型的孩子通常比较胆小，不喜欢说话，不喜欢与人交往。回答问题时，也总是低着头，声音很小。若受到表扬眼睛就会一亮，若受到批评眼睛就会往下看，看到父母经常会哭。他们在学校里不唱歌也不跳舞，回家后却会把学过的东西表现出来。在平时的生活中，他们安静、注意力集中、有着丰富的想象力、善于感觉到细微的变化。不过他们比较胆小，性格孤僻，对自己缺乏信心，个性敏感、沉闷。

当然，自我型的孩子很关心别人对自己的评价。当外界的评价是赞扬时，他们的表现就会很自在；假如外界的压力太

大，他们就容易情绪波动，严重者还会出现自闭症，因此自我型的孩子容易被外界左右。所以他们平时总是一个人玩，假如别的小朋友主动过来和他玩，他们不仅不会高兴，还会比较厌烦。他们的情绪通常不会表现出来，即便受到表扬时也没有太大的反应；假如在学校遇到什么不高兴的事情，他们会毫无表情，不过回到家就会哭。

有一天，妈妈在公司受到了老板的夸奖，特别高兴，下班后去幼儿园接孩子："宝宝，这个星期天我们不去练琴了，妈妈带你去游乐园。"孩子高兴极了，把这件事记住了。转眼到了星期天，妈妈一早起来就让孩子练琴，孩子有些不乐意，心想：是我最近不够听话，让妈妈生气了？那我要乖一点，妈妈就会带我去游乐园了。

转眼又到了星期天，妈妈还是让孩子练琴，孩子没说一句话。不过在之后的一个星期里，孩子表现得非常忧郁，再到星期天练琴的时候，孩子突然喊肚子疼，再到下一个星期天，孩子还说肚子疼。妈妈了解实情后，抱着孩子说："宝宝，你要去游乐园可以告诉妈妈啊。"孩子却说："你说你要带我去游乐园，你怎么能忘了呢？我还在想是不是我惹你生气了，所以你不带我去了。"

大部分孩子都是天真活泼的，不过有的父母却发现自己的孩子不喜欢说话，不和旁边的人甚至别的小朋友来往，也不主动参加集体活动，被父母责备了很久还记得这件事，这是严重的精神问题吗？实际上，这样的孩子就具有抑郁气质。

小贴士

1.激赏教育

自我型的孩子比其他孩子更渴望被肯定和欣赏，父母应该多运用激赏教育。美国心理学家詹姆士提出了"肯定原则"，他认为"人最本质的需要是渴望被肯定"。每个孩子自我意识的产生，主要依赖于父母对他的评价。对于自我型的孩子来说，他们特别希望得到父母的肯定，以此增强自己的自信心。对于这样的孩子，父母要不吝惜赞扬和鼓励，有时一句简单的肯定，会给自我型的孩子带来很大的鼓励，同时可提升孩子的自信心。

2.劝导孩子不要过分追求完美

自我型孩子做任何事情都希望达到完美的境界，当他对事情的结果不满意时，就会陷入深深的自责之中。假如父母也是自我型的，那孩子所做的一切都不能令自己满意，在责备声中，孩子也容易患抑郁症。所以，父母要用平常眼光看待孩子，劝导孩子不要过分追求完美。

3.鼓励参加活动

父母应重视孩子的主动性，鼓励他多参加集体活动，尽可能让孩子经常与同龄的孩子一起玩耍和交谈，培养孩子合群的性格。父母可以告诉孩子的老师在其参加集体活动时，对孩子进行鼓励和夸奖，增强孩子的自信心，使他不至于在其他同学面前感

到羞怯和自卑。平时多带孩子参加集体活动和户外活动，以便增强孩子的适应能力，帮助孩子克服孤僻、敏感的性格。

4.创造轻松、温馨、快乐的家庭氛围

对于自我型的孩子，父母要为其创造轻松、温馨、快乐的家庭氛围。对孩子要亲切、温和、耐心，给予更多的关怀和照顾，切忌当众批评他们。即便需要批评孩子，也要在其能接受的范围之内，亲切而又毫不在意地指出孩子的错误所在，鼓励孩子改正。同时在家里鼓励孩子多说话，父母也要多表扬孩子，当孩子遭遇某些事情时，更要特别关心和照顾孩子。

5.避免破窗效应

破窗效应是美国心理学家詹姆士通过试验得出的结论，他认为每个人都会受到某些暗示性的纵容，在外界刺激的影响下，做出一些出格的事情。对于自我型的孩子而言，这种效应更加明显，他们会被父母的"坏评价"所引导，成为"坏孩子"，让父母越来越担心。反之，假如父母可以适时鼓励，孩子就会产生更强的动力，就会变好。所以，父母要在家庭教育中注意保持轻松、快乐、温馨的氛围，这样的氛围对孩子的成长是十分有利的。父母要注意的是，当孩子可能因此产生不安全感的时候，需要更加关心和照顾他们。

6.不打扰孩子观察

自我型的孩子有　个很大的优点，他们的观察能力很强。当孩子认真观察一件事物的时候，不论遇到什么事情，父母

都不要去打扰他。等他的观察工作结束之后，父母可以对孩子说："你认真观察的样子真的很可爱。"这时孩子就会羞涩地笑，但内心是十分幸福的。

7.培养孩子的交际能力

面对自我型的孩子，由于他们十分敏感、不擅长与其他人接触，因此父母的关注点大都放在培养孩子的交际能力方面。实际上，对于这种类型的孩子而言，父母越是强迫他们与周围的人接触，他们对周围的人就越是敏感、越是排斥。这时父母就要让孩子感受到爱与欣赏，因为来自父母的爱与欣赏可以逐渐缓解他们的敏感心理。

完美型，尊重孩子的自我要求

完美型的孩子，脸上时刻写满了认真与紧张，他们对每件事都是使劲地感觉、反复地思考，做出精细的打算，然后再去实践。在完美型孩子的眼里，父母的本体似乎是缺失的，也就是孩子对家庭保护者不认同的心理。他们十分努力地寻求自我的发展，既努力想成为一个好孩子，也会努力让自己不像一个孩子。

在他们看来，应该靠自己的判断力，像成年人一样进行理性的思考，给自己定下一套标准严格要求自己，成为自己行为

的引导者。一旦自己的表现不能令自己满意，他们就会感到失望、焦躁。

女儿5岁了，她非常聪明、懂事，心理年龄较成熟。不过，她却非常苛求完美，喜欢跟自己较劲。

一场台风让阳台一片狼藉，由于我还有更重要的事情要做，打算先放一放。而女儿并没有放弃对我的提醒："妈妈，阳台好脏，你不打扫吗？"我答应宝贝午睡后做这件事，午睡之后，我起来刚坐到沙发上缓缓神儿，女儿马上跟了过来，还完全没从睡意中苏醒过来，就指着阳台对我说："妈妈，你不打扫阳台吗？"我只能打扫起来，她跟着我拿着簸箕，在旁边帮忙。我才打扫了两下，女儿说话了："妈妈，我来教你怎么打扫。"我有些不悦："像扫地这种事情，可不可以不用教我啊？"

晚上，她在家里玩积木，由于她总是把小积木放在下面，搭好的高楼总是会倒。倒了好几次以后她接受不了，开始大哭，一边哭一边问我："妈妈，为什么它总是倒？"假如我在这时劝导或给予帮助，她会越哭越伤心。

心理学家认为，在所有类型的孩子中，完美型的孩子是最有创造力和天赋的。有些父母为孩子过于聪明而担心，完美型的孩子对事情总想得比较深，理解得透彻，对事情又是那么执着。不过，完美型的孩子非常依赖父母，有一种要父母在身边的强烈需要，他们内心是极其脆弱敏感和缺乏安全感的，他们

的情绪十分容易波动，因此当外界可以促使他们自信或缓解他们的抑郁时，他们很容易受外界感染。

完美型孩子非常聪明，是个高标准并严格要求自己的好孩子，因此很少需要别人的监督催促。这样的孩子在生活中的许多方面都追求完美无缺，若是完美力量型性格，会把课桌收拾得干干净净，东西放得整整齐齐，对作业一丝不苟；若是完美和平型性格，则不会太在乎事情是否井然有序，不会执着地非要一切事情都完美无缺。

不过，他们身上最大的缺点是还没遇到什么困难之前，就本能地对要做的事情产生一种否定的态度和抵触情绪，从而不愿意与人交往。他们总是喜欢把渴望认可的意愿埋在心里，不会坦露真言，他们希望即便自己不说出心里所想，父母也可以察觉到他们的需要。

小贴士

1.给孩子一个私人空间

完美型孩子可以将所有的东西整理得有条不紊，即便房间乱糟糟的，他们也可以清楚地记得什么东西放在哪里，不喜欢别人进自己的房间。他们不希望自己房间里的东西被别人整理，哪怕房间很乱，他们宁愿自己收拾。对此，父母要尊重孩子这样的性格，允许家里有一个房间让他们随便摆放，即便杂乱一点也没关系。

2.营造轻松的家庭氛围

完美型孩子似乎没有幽默细胞，也不会开玩笑。父母可以告诉孩子幽默和玩笑是心灵的催化剂。平时多聊一些公司的趣事，或自己儿时的故事，营造出一种轻松的家庭氛围。还可以引导孩子接触《傻瓜伊万》等童话书，让孩子多读一些幽默小品，使其身心彻底放松。

3.多与孩子交流

完美型孩子总是处于紧张或谨慎状态，他们总在担心事情没做好。所以在家里吃饭时不要用太多的规矩束缚他们，可以和孩子随意轻松地交谈一会儿，制造一家人的开心时刻。在一家人围着桌子吃饭时，父母可以说一些轻松的话题，让孩子慢慢打开话匣子。

4.给孩子选择的机会

完美型孩子有着较强的责任心，他们买东西经常会放弃自己的喜好而按照父母的意愿挑选。假如有妹妹或弟弟，他们则表现得更为谦让。因此，在平时的生活中，假如不是太过于贵重的东西，父母可以给孩子一些选择自己喜欢的东西的机会，给孩子紧张的心理带来轻松片刻的满足。

活跃型，正确对待孩子的选择

在生活中，有的孩子过分活跃，行为冲动，他们好像从来不知道害怕，喜欢爬高、大声喊叫、疯玩，常常做出各种让父母后怕的行为举动。心理学家分析后认为，过度活跃的孩子往往在学习上会遇到重重困难，他们常常行为冲动、专注力不足，与同学产生摩擦或受到排斥，父母只是觉得他们顽皮、捣蛋、多动，却忽略了问题的真正所在。

孩子总有使不完的劲，每天早上只要一起床，就精力十足地开始一天捣蛋鬼的生活。她边吃早餐，边在沙发上乱蹦乱跳，嘴里说着我们听不懂的语言，时而跳上去，时而蹦下来。

去幼儿园，一路上也是蹦蹦跳跳，从来不说累，她的同学都嚷着让爸爸背的时候，她也一个人冲在最前面。在幼儿园的一天，可以说"精彩"不断，上课在教室里跑来跑去，老师拉都拉不住，下课了和小伙伴们捉迷藏，玩得满身是汗。等到下午我去接她的时候，全身都是汗臭，我总问："宝贝，你不累吗？"她无辜地问："妈妈，什么是累？"晚上回到家，吃了饭之后还要折腾一番才睡觉，我真拿她没办法，她精力怎么这么旺盛呢？

有的父母认为，对待过于活跃的孩子，就好像猫捉老鼠那样要好好管教。但是要实行就好像让还不太会走路的孩子去跑步一样，且生气、斥责是解决不了根本问题的。父母需要尽自己最大

的努力，帮助孩子树立自信心。

父母需要理解孩子的心理，这样的孩子大都不适应比较复杂的外界环境。父母仔细观察就会发现，孩子发生过激行为之后，自己会变得更加不安，这表示他们不具备控制情绪的能力。父母必须清楚地知道这些过度活跃的孩子，不是故意捣蛋、顽皮、反叛，同时需要学习如何应对过度活跃孩子的行为，帮助孩子适应群体生活及学习。

小贴士

1.帮助孩子隔离刺激源

当孩子出现过激行为的时候，父母首先要判断周围是否存在刺激孩子的事物，有可能是更活跃的小伙伴刺激到了他，也可能是其他危险物品激发了孩子的好奇心。假如存在这样的对象或环境，父母就要着手改变周围的环境，把孩子和这些刺激源分开。当然，为保持孩子的情绪稳定，平时也可以尽可能创造合适的环境条件。在情况改善之前，应尽可能避免带孩子去人多和新鲜事物较多的商场或餐厅。

2.保持简单的环境

当孩子在学习的时候，父母需要保持学习环境的简单和整洁，避免外界的诱惑和干扰。不论是学习用具还是学习环境，都不能太复杂、太花哨，东西一定要简单、要少，减少孩子分心的机会。

3.缩短孩子的学习时间

过度活跃的孩子精力集中时间较短，因此，他们一次不能学习太长的时间，要一点点延长时间。比如每次做作业以10分钟为一小段，10分钟之内，作业做完，让他有紧迫感，不能给予他太充裕的时间。每一小段时间之后，可以让孩子做他喜欢的事情。不过，时间不能间隔太久，否则孩子的心又飞走了。然后慢慢地把做作业的时间拉长，变成15分钟、20分钟等。

4.生活要有规律

父母答应孩子的要求要简单，不能有太多的诱惑，比如不能对孩子说"你写完作业，我们出去玩"，否则，孩子兴奋了，就不能集中精力做作业。同时，对孩子生活的时间要做好安排，让孩子尽量遵守，不能太随意，这样渐渐地就能让孩子养成固定时间做固定事情的习惯。

5.对孩子多鼓励，多夸奖

过度活跃型的孩子，对夸奖的渴望，比别的孩子要强烈。父母夸奖他，他能克制自己好几天。但是，几天过去之后，他就会忘记。所以，父母对这样的孩子要经常鼓励、夸奖，不能过于批评，否则，渐渐地，孩子就会没有自信心。

第 5 章

心理教育，用爱呵护孩子心灵

黎巴嫩诗人曾说："如果父母是张弓，孩子就是搭在弓上的箭。"父母是孩子的第一任老师，且是终身的老师。所以，父母的心理素质与教育水平对孩子心理品质的培养与形成起着关键的影响。作为父母，应重视对孩子的家庭心理健康教育。

抑郁症，为孩子撑起一片晴天

抑郁症主要是指以情绪抑郁为主要特征的情感障碍，不但包含郁郁寡欢、忧愁苦闷的负性情感，且有怠惰、空虚的情绪表现。不过人们经常误以为抑郁症只会发生在有自我意识能力和情感丰富的成人身上，而忽视了儿童也可能得抑郁症。抑郁对孩子的身心发展非常有害，会使孩子的心理过度敏感，对外面世界采取回避、退缩的态度，同时还可造成儿童身体发育不良。

小丽的爸爸是某公司的业务经理，妈妈是一名超市导购员，他们通常在家的日子很有限，因此6岁的小丽便跟着奶奶生活。以前的小丽活泼开朗，特别喜欢笑。不过，现在每当看到其他小朋友在周末有爸爸妈妈陪着一起到公园玩，小丽就十分羡慕，因为她已经好久没跟爸爸妈妈一起过周末了。

一段时间，爸爸妈妈发现小丽变得不喜欢笑了，经常一个人坐着发呆，整天不说一句话，好像一下子变乖了很多。不过，这样的乖总显得很不对劲。而且，幼儿园的老师也反映小丽现在上课常常注意力不集中、目光呆滞，不像班里其他女生那样活泼。

　　心理学家认为，小丽患了儿童抑郁症。有的父母认为孩子很小，很难与抑郁症这样重大的问题联系到一起。实际上，儿童患抑郁症已经不是新鲜事。与身边的同龄孩子关系差的孩子更容易患抑郁症，除了人际关系导致的抑郁情绪积累之外，学习压力大、与老师关系差、父母婚姻破裂等，都对孩子有着很深的影响。

　　孩子的世界应是缤纷多彩的、充满快乐和欢笑的，但是有的孩子小小年纪却总是郁郁寡欢。由于各种原因，很多孩子经常被抑郁的情绪所侵袭，严重者就会患抑郁症。无疑，这是一个令孩子和父母都感到痛苦与困惑的问题。作为父母，应该怎样帮助孩子远离"抑郁"的阴影呢？

小贴士

1.营造温馨的家庭氛围

　　心理学家认为，良好的家庭支持和家庭凝聚力是孩子健康成长的持久动力。平时的生活中，父母应常常检查自己的情绪，避免自己身上的负面情绪影响到孩子。学会尊重孩子，顺畅地和孩子沟通，为孩子创造一个亲密、融洽、温馨的家庭氛围，让孩子体会到家里的温暖感和安全感。

2.鼓励孩子多结交朋友

　　父母平时要真诚待人，鼓励孩子多与人交往，教会孩子与同龄孩子融洽相处，多组织孩子间的情感交流活动，培养孩子

广泛的爱好和乐观宽容的性格，享受友情的温暖。

3.完善孩子的人格

父母需要多发现孩子的优点并恰当地给予表扬和鼓励，从小培养孩子的自信与应付困境乃至逆境的能力，教育孩子学会忍耐和随遇而安，在困境中寻找精神寄托，比如，参加运动、游戏、聊天等。

4.适度的学习教育

父母要适当给孩子一些自己的时间和空间，让孩子在不同的年龄段拥有不同的选择权。不要对孩子期望太高，不要过分纵容或苛求孩子，应按照孩子自身的能力和兴趣来培养他们。

5.积极的心理暗示

假如孩子已经出现抑郁症状，父母要给予孩子适时的积极暗示，教导孩子理智调节自己的情绪，纠正认知上的偏差。父母可以寻找一些令孩子开心或振奋的事情，让愉快的事情占据孩子的时间，以积极的情绪来抵消消极的情绪，引导孩子适当地发泄内心郁闷的情绪。在有必要的情况下，可以及时找心理专家咨询，予以积极的治疗。

忧虑症，引导孩子的积极情绪

与成年人一样，孩子的情绪也有消极和积极之分。在孩子

1岁左右，他们的情绪就开始分化，2岁时出现各种基本情绪，即生气、恐惧、焦虑、悲伤等消极情绪和愉快、高兴、快乐等积极情绪。积极的情绪对孩子的身心发展可以起到促进作用，有助于发挥孩子内在的潜力；消极的情绪则可能使孩子心理失衡。

杨先生的儿子杨洋7岁，他个性比较敏感，性格说不上是外向型还是内向型，比较恋旧，跟以前的老同学、好朋友分别时总会舍不得。入小学之后，杨洋总是想念过去的老同学，不喜欢与新同学交往，直到半年之后才渐渐融入新的班级。即便上了小学，也总是念叨幼儿园的同学，认为小学同学比不上幼儿园同学，似乎又要很长时间才适应新环境。

最近杨先生发现儿子十分消极、悲观，学习很懒散，对人生没有一种正确的态度，认为人总归是要死的，不管自己现在怎样努力，最后都是一样的结局。杨先生经常听到儿子说："爸爸，我不想你们死，不想爷爷奶奶他们死，人如果永远不死就好了。"最近这样的情绪更是经常反复，就在昨晚跟儿子聊天中，儿子还说到人最终还是逃不过死亡，所以自己做什么都是无用的，什么金钱、名誉都是一场空，甚至说自己好像看到自己死的时候的情景。杨洋在说到这些的时候，情绪十分低落，甚至掉泪，说自己不想死。

小孩子动不动就喜欢说"不"，而且经常是你说什么他都会说"不"。心理学研究表明，这是孩子独特的表示自立的正

常方式。当孩子开始说"不"，是他形成自我认识的开端。而当生活里的某些事情或某些要求与其个体的兴趣、需要或愿望等不一致的时候，孩子就会产生消极情绪，如抵触、对抗、哭闹等。

对孩子而言，产生情绪是一件很正常的事情。当一个成年人发脾气的时候，旁边的人会安慰，或知趣地离开。但是，当一个孩子发脾气的时候，他受到的却是父母的斥责，甚至是挨打，这其实是极不公平的。所以，一旦孩子有了消极情绪，父母需要做的是理解、帮助，而非责备、训斥。

小贴士

1.引导孩子宣泄消极情绪

心理学家认为，孩子在生活中产生的消极情绪，应以合适的渠道发泄出去。情绪一旦产生，宜疏导而非堵塞。当孩子遭遇难过的事情宣泄出来后，可以减轻精神上的压力。所以，在现实生活中，当孩子遇到挫折或觉得不愉快的时候，父母可以让孩子不受压抑地通过言语或非语言的方式表达自己的情绪，这样可以减轻孩子心理上的压力。

2.理解孩子

在孩子生气的时候，父母可以用温和的语气开导孩子，让孩子知道父母了解他的感受。父母可以告诉孩子，生气时能干什么、不能做什么，允许孩子以合适的方法宣泄情绪。适当的

时候，多给孩子讲一讲自己在人生的挫折和艰难困苦面前，是如何面对困难和挫折的，又是如何战胜困难、超越挫折的。毕竟孩子年龄比较小，很少经历困难和挫折，这时父母就是孩子的榜样。若是父母跟孩子多聊这些话题，势必会对孩子产生积极的影响。

3.引导孩子倾诉心事

倾诉是一种合理宣泄情绪的方式，父母可以引导孩子把自己遇到冲突或挫折时的感受告诉自己，同时给予同情、理解、安慰和支持。孩子对父母有很大的依赖性，父母对孩子表现出的同情或宽慰会缓解甚至清除孩子的心理紧张和情绪不安。即便在孩子倾诉的内容不合理的情况下，父母也要耐心地听下去，至少保持沉默，等孩子倾诉完毕之后，再与孩子讲道理。

4.善于发现孩子的优点

父母要善于发现孩子的优点，同时将这些优点与孩子熟悉或崇拜的先进人物、英雄人物的优点比拟，让孩子在内心认定自己与他们的性格一样，从而激发孩子在思想和行为上向他们学习。当孩子不断突出自己的优点，同时自我认可和肯定慢慢成为习惯之后，其消极的情况就会得到改观。

5.创造和谐的家庭氛围

父母要善于创造和谐融洽、畅所欲言的家庭氛围，当孩子表达出自己的情感之后，父母要以探讨的形式来转变和提高孩子的认知，随时关注并指导孩子以积极的心态来自我排除心理

障碍。在平时的生活中，父母在为人处世上应保持乐观的态度，因为榜样作用往往是孩子乐观性格形成的重要因素。

6.引导孩子转移注意力

转移注意力，是合理宣泄情绪的最佳途径。父母要让孩子学习遇到冲突和挫折时，不要将注意力集中在引发冲突或挫折的情境之中，而应尽可能地摆脱这种情境，投入自己感兴趣的活动中去。比如孩子在玩游戏中与其他孩子发生冲突，可以让孩子到室外去踢一会儿足球，在剧烈运动中将积累的情绪能量发散到其他地方。

7.帮助孩子提高抗挫折能力

父母可以告诉孩子，生活中并不是每件事都会让自己满意，一个人总是会遇到这样或那样的挫折，生气和难过都是没有用的，而是需要有意识地控制自己的情绪，保持冷静。同时父母可以通过带孩子旅游、登山，丰富孩子的精神世界、锻炼孩子的毅力，尽可能帮助孩子形成坚毅、开朗的性格。

恐惧症，让孩子不做"胆小鬼"

心理学家认为，幼儿期是培养孩子独立性的关键时期。这时需要父母给孩子准备一个独立的房间，起初可以在孩子睡前陪伴孩子，告诉孩子自己会在他身边陪着，用手抚摸孩子给予

安慰，等孩子睡着之后，父母可以离开。等到第二天孩子醒来，父母可以表扬孩子："一个人乖乖睡着了，宝贝真棒！"以此强化孩子独立的能力与意识。孩子在自己的房间睡觉，需要独自面对黑暗，在这个过程中孩子要学会处理恐惧等负面情绪，同时意味着孩子开始独立了。假如父母为了让孩子不害怕，总是无微不至地关怀，那孩子就容易陷入"黑暗恐惧症"。

张女士一度很苦恼，因为6岁的女儿月月总说："每到晚上，我就开始害怕，卧室的灯熄了，爸妈都已经睡了，只有我一个人怎么也睡不着，我只能躲在被窝里，不敢把头伸出来。"

女儿月月正在读幼儿园，从很小的时候就开始怕黑，有时她甚至会要求跟爸妈同住一个房间。而且总是开着灯睡觉，偶尔关灯也是在她睡着了以后。张女士觉得女儿胆子太小了，想有意识地锻炼她，比如规定她上床之后关灯睡觉。然而，这对月月来说却是一件极其恐怖的事情，她告诉妈妈自己会感觉到身边有些可怕的东西，比如鬼怪之类。几乎每天晚上她都是从噩梦中睡醒，哭着找妈妈。对此，张女士非常担忧，不知道该怎么办。

心理学家认为，现在有许多孩子都很怕黑，因为黑暗想到鬼而感到害怕，这种纯粹的害怕"鬼"的孩子，他们的生活实际上并不会受到严重干扰。案例中，月月的症状表现为不正常的、极度的惧怕，而且严重影响正常生活，这些带有疾病性质的惧怕可以被诊断为"黑暗恐惧症"。

　　患有恐惧症的孩子大多比较胆小、独立性较差。根据张女士反映，月月在班上几乎没有什么朋友，独来独往，适应新环境的能力很差，这与父母的教育方法是相关联的。处于婴幼儿时期的孩子大部分会在黑暗中苦恼，让他们恐惧的不是黑暗本身，而是在黑暗中看不到自己亲近的人，视觉上的分离感引发了孩子的不安全感体验，这实际上是一种对父母的依恋情结。

　　对此，心理学家建议：父母要意识到过度保护孩子，只会让孩子越来越胆小。因为父母的保护就是告诉孩子，一个人睡觉确实比较危险。恐惧症惧怕的事物本身是比较普通的，在一般人看来是不需要害怕的，不过因为父母无意识地提醒孩子避免这一情况的出现，结果反而强化了孩子焦虑、恐惧的情绪。

🤓 小贴士

1.勿对孩子说"胆小鬼"

　　孩子从3岁时开始对黑暗产生恐惧，假如这时父母骂孩子"胆小鬼"，吓唬孩子不准哭，这将大大地误导孩子的情绪。父母应该向孩子说明事情的真相，在孩子看来令人恐惧的事物被父母一语点破，他自然会相信自己是安全的，内心的恐惧感也会随之消失。

2.鼓励孩子多接触黑暗的环境

　　对于患有黑暗恐惧症的孩子，父母要鼓励他们多接触黑暗的环境。刚开始父母可以与孩子一起尝试，直到孩子适应。

在这个过程中，孩子如果感到害怕，父母可以建议孩子做深呼吸，或者鼓励孩子大声地叫出恐惧的感觉。然后让孩子独立地待在黑暗环境下直到适应，当然，这并非一蹴而就，父母可以按照孩子的情绪状况循序渐进，适时给予孩子鼓励与表扬。

3.帮助孩子克服恐惧感

不管孩子担心什么、害怕什么，父母都应当告诉他们害怕是正常的心理现象。平时父母多和孩子交谈，给孩子讲一些常识，这是帮助孩子克服恐惧感的最佳方法。等到孩子明白道理，心境平和了，父母可以帮助孩子对可能发生的事情做好心理上的准备。

4.避免让孩子接触鬼怪、恐怖之类的故事和电影

当然，恐惧黑暗与听过鬼怪故事、看过恐怖片有一定的联系。父母需要注意，不要和孩子过多地谈论鬼怪的故事，也尽可能不让孩子看恐怖片。假如孩子经常想起鬼怪之类的事情，父母需要尽可能地让孩子在闲暇时间多参与有趣的互动式活动，培养孩子积极向上的兴趣爱好，引导孩子转移注意力。

5.及时询问孩子产生恐惧感的缘由

孩子一旦产生恐惧感，父母要考虑这是否与他的年龄相称。在平时的生活中父母要随时关心孩子思想感情的变化，以及恐惧持续的时间。孩子在恐惧时是否什么事情都不想做，不肯一个人睡觉，不愿意上学，甚至不敢离开父母？父母需要弄清楚，然后及时处理。

强迫症，让孩子多做意念训练

强迫症是日常生活中存在的一种强迫思维，自己的行为不受自己控制。孩子年龄越小，强迫症的症状表现就越明显，对孩子的影响就越大。通常情况下，儿童强迫症有这样一些特点：所谓的儿童强迫症是一种患儿明知不必要，不过却没办法摆脱，反复呈现的观念、情绪或行为，越是努力抵制，越是感到紧张和痛苦。

孩子发育的早期，可能有轻度的强迫行为，比如有的孩子走路时喜欢抚摸路边的电线杆；有的孩子走路时喜欢踢小石头；有的孩子喜欢反复计算窗栏的数目，等等。不过，这些行为不伴有任何情绪障碍，且会随着年龄的增长而消失。

王女士一度很烦恼，以前接触过自己孩子的老师和朋友都反映孩子有点强迫症，当时王女士觉得不太可能，毕竟孩子还小，长大了应该会好些，自己也没太在意。

不过最近几天，王女士发现孩子的症状有点令人担忧。几周前，有次半夜，孩子突然惊醒告诉妈妈："床上有虫子。"王女士花了半天寻找，床上根本没有虫子，一定是孩子做梦了。于是王女士安慰孩子："妈妈昨天晒过被子，把细菌都晒走了。"听到这样的话，孩子才安定下来。不过，之后的每天孩子睡觉前都会问："妈妈，你今天有没有晒过被子？"王女士每次都回答："晒过了。"王女士想，估计哪一天孩子就会

忘记问这个问题。直到昨晚，很晚了孩子还不愿意睡觉，王女士生气了，不理他，结果孩子问了十几遍，王女士依然没回答，孩子作罢。第二天早上，孩子醒来第一句话就是："妈妈，你昨天晒过被子了吗？"王女士瞬间被问晕了，难道孩子真的得了强迫症？

近年来，许多父母向心理学家询问，发现孩子有心理问题，比如上课时过于关注黑板以外的事物，无法集中精力听课，有的孩子还会对着书上的一些公式反复地想它为什么会是这样的呢？有的父母反映孩子上学前会一遍一遍地检查书包长达半小时之久，不过许多父母并不知道孩子已经有了强迫症的倾向。

稍微严重的强迫症表现为：反复数天花板上吊灯的数目，反复数图书上人物的多少，强迫计算自己走了多少步。有的孩子则表现为强迫洗手，强迫自己反复检查门窗是否关好了，反复检查作业是否做对了，甚至睡觉前，不断检查衣服鞋袜是否放得整整齐齐。有的孩子则表现为仪式性动作，比如要求自己上楼梯必须一步跨两级，走路必须一下走两步路。对于这些孩子，如果不让他们重复这些动作，他们就会感到焦虑，甚至生气。不过，他们重复这些动作，并不会出现成年患者那样的焦虑，通常情况下，孩子对自己的强迫行为并不感到苦恼，只不过是呆板地重复这些行为而已。

所以，父母应及早发现孩子的这些不正常行为，平时多注意观察孩子的行为举止，以防孩子的强迫行为越来越严重。

小贴士

1.行为治疗

当孩子的强迫症发作的时候，父母可以促使其有意识地用手腕上的橡皮筋来弹自己，从而克制自己的强迫行为，通过外力的作用来阻止强迫症的发作。心理学家一般认为参与示范比被动示范的治疗效果更好一些。当然，在这个过程中，父母不仅是监督者，更是整个事件的参与者。

2.信心疗法

父母需要给孩子树立信心，比如对于孩子考前焦虑症等轻度心理问题，父母可以告诉孩子考前每个人都会紧张，不只是你一个人心情焦虑，以此放松孩子的心情。当孩子丧失信心的时候，鼓励孩子，让其重新树立信心。

3.顺其自然

心理学家建议用"森田疗法"，这是治疗强迫症比较好的方法，即所谓"顺其自然，为所当为，不治而治，事实为真"。孩子强迫症产生的根源就是"怕"，正因为存在各种恐惧，才会导致孩子不断重复地去做某事。父母要教会孩子怕的时候"顺其自然，为所当为"，即不要刻意去强化强迫症的观念，转移注意力，做应该做的事情，才会治愈强迫症。父母在这个过程中要做的就是不要刻意让强迫症孩子寻求改变，顺应其性情，等他确认自己所担心的事情根本不会出现的时候，强

迫症的症状自然会减轻甚至消失。

4.给予孩子理解与关怀

当父母发现孩子有强迫症的时候，不要指责孩子，更不能说孩子胡思乱想。有的孩子在抄写课文的时候，抄着抄着就突然开始使劲地描一个字，即便把纸划破了，还是使劲描。这时正确的方法应是分散孩子的注意力，比如问他今天星期几，这样孩子的注意力就被转移了，恢复了正常思维。不过有的父母不懂这些，一看见孩子发呆，就会指责孩子："你又在胡思乱想什么？"这样则会导致孩子心理负担越来越重，假如父母可以多理解、关心孩子，那孩子的强迫症状会慢慢减轻，直至消失。

5.认知治疗

父母需要帮助孩子认识到头脑中那些不合理担心的错误性，不过这些长时间以来的恐惧已经深入潜意识里，因此想要在短时间内改变，不是简单的事情。父母和孩子可以结成联盟，在父母的监督和引导下，共同从改变一点一滴的小习惯开始，结合行为疗法，改变旧习惯，建立新习惯。

疑心病，给予孩子稳定的安全感

疑心病者，整天疑心重重、无中生有，患有疑心病的孩子

会认为每个人都不可信、不可交。比如，看见几个同学背着自己讲话，就怀疑他们是讲自己的坏话；老师有时候对他态度冷淡了一点，就觉得老师对自己有了不好的看法，或者怀疑有同学在老师面前说了自己的坏话；父母对自己稍有批评，就无端地怀疑父母是否不爱自己了，甚至延伸出"我难道不是爸妈亲生的"这样荒诞的想法。

患有疑心病的孩子特别留心他人对自己的态度，有可能对方简单的一句话，他都要琢磨好长时间，努力去发掘其中的"潜台词"。这样时间长了，孩子便不能轻松与他人交往，背上了沉重的心理包袱，影响到他的人际关系。而且，还有可能由怀疑别人发展到怀疑自己，最终变得自卑、消极、怯弱。对于身心正处在发展期的青少年来说，疑心病不是他们该有的，它会威胁到孩子的心理健康。所以，父母一旦发现孩子有了疑心病的征兆之后，需要引导孩子，将这种病症抹杀在萌芽状态。

肖妈妈发现儿子小东患了疑心病，比如有时问他苹果是什么颜色，结果这样的问题也会让他感到十分紧张、不知所措，犹豫了半天，不知道怎么回答，只好说："我也不知道是什么颜色。"平时家里扔垃圾的时候，小东总是一遍又一遍地检查垃圾桶，他总担心有价值的东西留在了垃圾桶里，直到决定带走垃圾时，还会不断地朝垃圾袋里张望，希望可以看到一些有价值的东西。

小东前段时间感冒了，还有一些腹泻，一直在诊所看病，打针、吃药，而他的感冒也时好时坏。对此，他总是怀疑自己得了什么重大的疾病，比如肿瘤。他告诉妈妈自己呼吸困难，妈妈带他去医院做了胸透、心电图，结果一切正常。然而，小东又怀疑医生是骗自己的，故意隐瞒自己的病情。

疑心病就是孩子在交往过程中，总觉得其他什么事情都与自己有关，并对他人的言行猜疑，以证实自己的想法。疑心病是一种不健康的心理，患有疑心病的孩子，总是虚构一些因果关系去解释别人为什么会有这样的举止言谈，比如，有的孩子在看到附近的两个同学小声交谈，就认为是在议论自己。

疑心病根源于心理学上的暗示，暗示可以分为积极暗示和消极暗示：积极暗示可以增强自信心，使人精神更加振奋；相反，消极暗示可以使人忧心多虑，严重者会疑神疑鬼。而疑心病则源于后者，似"无病疑病"，所以，这是一种不健康的心理，会影响到孩子的生活、学习。

小贴士

1.培养孩子的自信心

父母要引导孩子看到自己的优点与长处，逐渐培养其自信心，鼓励孩子处理好与他人的关系，给他人留下良好的印象。比如，告诉孩子他的言行在同学面前是无可挑剔的，鼓励孩子相信自己在老师面前是一位懂事乖巧的好学生，从而打破他虚构的因

果关系。当孩子充满信心地投入学习时，就不会担心自己的行为，也不会随便怀疑对方是否会挑剔、为难自己了。

2.引导孩子理性看待疑心病

当发现孩子开始怀疑别人的时候，应该帮助孩子及时找出产生疑心病的原因，在没有形成固定思维之前，瓦解怀疑心理。比如，孩子怀疑同桌偷了自己的钢笔，父母可以让孩子冷静地想一想，会不会是自己做完作业忘了带回家，或在放学路上丢了。这样一来，那些胡乱的猜疑就会被逐渐瓦解。让孩子逐渐明白，其实现实生活中的许多怀疑都是可笑的，对此，冷静地思考一番是很有必要的。

3.安慰孩子

有时候，孩子在学校遭到了同学的非议与流言，或与同学发生了误会，会引发孩子产生疑心病。这时父母要仔细观察孩子的情绪，及时安慰孩子，告诉他不要斤斤计较，因为你计较得越多，疑心病就越重，给自己带来的烦恼就越多。假如孩子觉得自己遭到了同学的怀疑，父母可以安慰孩子没有必要为别人的闲言碎语所纠结，不要在意对方的议论，这样就会使孩子从疑心病的烦恼中解脱出来。

4.鼓励孩子主动与人沟通

事实上，怀疑是误会的升级版，当彼此之间的误会没有得到及时的解除，就会发展为猜疑；当猜疑不能及时消除，就会导致疑心病的加重。一旦发现孩子有疑心病的征兆，父母可以

鼓励孩子主动、及时地与怀疑对象开诚布公地沟通，弄清事情的真相，消除误会，消除疑心病。告诉孩子，如果是误会，通过沟通可以消除；如果是意见有了分歧，适当的沟通对双方都有好处；如果猜疑是真实的，双方经过平静的讨论，也可以有效地解决问题。

第 6 章

赏识教育，激励孩子勇往直前

著名教育家第多斯惠说："教育的本质不在于传授知识的过程，而在于唤醒、激励和鼓励。"生活中，每个孩子都渴望得到他人的肯定，尤其是父母的喜爱和关注，一句表扬的话、一个赞许的眼神，都会让孩子备受鼓舞。

罗森塔尔效应，好孩子都是夸出来的

罗森塔尔效应其实是一种期望效应，即一个有影响力的人物对于个体的赞赏和认可，会极大地提升个体的自信心。

赏识教育十分重要，孩子永远在等待父母的赏识。不过，赏识教育并不只是表扬和鼓励，父母需要做的是赏识孩子的行为结果，以强化孩子的行为；父母赏识的是孩子的行为过程，以激发孩子的兴趣和动机。

对此，父母在赏识教育过程中，需要创造环境，指明孩子发展的方向，适当提醒，增强孩子的心理体验，从而纠正孩子的一些不良行为。父母对孩子的点滴进步能否给予充分的肯定与热情的鼓励，不但是方法的问题，更是教育观念的问题。

赏识是一种理解，更是一种激励。赏识教育，其实是在承认差异、尊重差异的基础上产生的一种有效的教育方法，这是帮助孩子获得自我价值感、自信的动力基础，更是孩子积极向上、走向成功的捷径。只要父母能真正地理解孩子、尊重孩子、赏识孩子，那孩子一定会健康积极地成长。

赏识教育对孩子有很大的好处。

1.让孩子懂得自尊自爱

孩子的攻击性行为往往是在受到指责和冷遇后得不到应有的尊重与信任，从而产生的逆反心理。实际上每个孩子在成长过程中都会出现一些问题，只是有些父母比较开明，他们相信孩子是好的、是聪明的，同时不断地鼓励孩子，从来不嘲讽孩子。于是，在赏识教育中，让孩子感受到尊重，在保护孩子自尊心的基础上指出不足之处，给孩子留足面子，同时还让孩子自己去发现不足之处，学会自爱，让孩子知道要得到别人的尊重，第一步就是要学会尊重别人，减少孩子自身的攻击性行为。

2.帮助孩子克服自卑，增强自信心

在孩子的童年时期，他们的自我意识的产生主要是通过父母和老师对他的评价。从某种程度上说，孩子的自信是父母和老师树立的，特别是当孩子赢得了成功或在原有基础上有了进步的时候，要及时肯定和强化，孩子会有一种感觉：我很行！这就是孩子的自信心，一旦他们拥有了自信心就会愿意接受任何挑战。

3.帮助孩子找到他们的潜力

每个孩子的聪明才智和先天禀赋都不一样，以至于在完全相同的条件下，有的孩子会有突出的天赋，有的孩子在其他方面有惊人的成就，比如，有的孩子对美好事物的感悟力超强，有的孩子有着强烈的好奇心，什么事情都想弄个明白。作为父

母，需要尊重孩子的个体差异，对孩子的要求不能整齐划一，需要因材施教。

如何赏识孩子呢？

尽管许多父母都意识到了对孩子进行赏识教育的重要性，不过，有些父母并没有理解赏识教育的真正内涵。盲目赏识不但不能让孩子从中受益，反而会给孩子的健康成长带来很大的问题。

赏识是父母发自内心对孩子的欣赏，这种欣赏不但可以通过夸奖的语言表达出来，也可以在不经意间，通过表情、肢体动作流露出来。当然，这些微妙的信息，孩子都是可以感受到的。因此，真正的赏识教育，需要父母从内心出发，由内而外，这样才能真正发挥赏识教育的作用。

小贴士

1.发现孩子的"闪光点"

每个孩子都是独一无二的，他们身上肯定有一些与众不同的地方。对此，父母需要有一双善于发现的眼睛，发现孩子的"闪光点"并及时肯定和强化，让孩子的优点在父母的欣赏和赞美声中发扬光大。

2.打破"理想孩子"的想法

就好像我们每个人都有一个"理想的自己"一样，基本上所有的父母心中都有一个"理想孩子"的形象，不过，在平时

的生活中，孩子可能并不是父母理想中的样子。因此，真正的赏识教育需要父母不要用头脑中的"理想孩子"作为标准衡量孩子，而是应该从实际出发，尊重孩子的个性。

3.赏识孩子的努力

每个孩子的智力水平相差并不会太大，只不过有的孩子在其中某方面比较擅长，有的孩子在其他方面更擅长，而那些先天的因素并不是孩子自己可以把握的。而且，一个孩子最终是否发展得好，关键在于孩子的努力，因此，父母需要赏识孩子的努力和进步，而不是聪明才智。

4.及时赏识孩子的进步

当孩子做得好的时候，父母不要泛泛夸奖，最好是能够发现孩子这一次比上一次好在哪里，这样才能激发孩子的动力和热情，争取下一次做得更好。而且，赏识孩子要趁热打铁、及时鼓励，以免孩子没有得到及时的鼓励而感到失望，这样就会削弱赏识教育的效果。

5.巧借他人之口赏识孩子

别人的评价是孩子确立自信的一个外在标准，有时候孩子希望得到父母之外的人的赏识。因此，在对孩子的教育过程中，父母可以巧借别人之口夸奖孩子，确立孩子的自我意向，比如，父母可以说，"王叔叔觉得你很有礼貌"。

6.从孩子的错误中发现优点

孩子犯错是免不了的，他们是在不断地犯错、纠错的过程

中长大的。因此，关键问题不在于孩子是否犯错，而在于采取什么样的态度让孩子意识到自己的错误并加以改正。父母要善于在孩子的错误中发现优点，用赏识的眼光看待孩子的错误，这比严厉的批评更有作用。比如，孩子犯错之后勇于承担责任，父母要记得称赞孩子。

赫洛克效应，强化孩子进步动机

及时对孩子的行为进行评价，能强化孩子的进步动机，对孩子继续进步起到促进作用。这就是赫洛克效应，正面评价的效果明显优于负面评价。

正面评价不但是一种教育，更是一种心态。因为每个孩子都有自己的长处和短处，不过并不是每个孩子都有能力把短处变为长处。这时候作为父母需要有一颗宽容的心，不要时时刻刻揭露孩子的短处，这样孩子才会有信心发展自己的长处。比如，有的孩子学习成绩不理想，不过动手能力、生活能力很强，所以，即便孩子考试不及格，父母也不要太过批评，只要在考试后安慰孩子。

假如孩子在学习方面有了很小的进步，父母也要及时地表扬。父母需要理解，假如孩子考不上大学而成为一名优秀的技术工人，那也是一种人生的成功。父母宽容、真诚地善待孩

子，就会发现每个孩子都有自己的优点。

杜鲁门当选美国总统后，有一天，一位客人来拜访他的母亲。客人笑着对杜鲁门的母亲说："有哈里这样的儿子，你一定感到非常骄傲吧！"杜鲁门的母亲笑着回答说："是这样的，不过，我还有一个儿子，他同样让我感到十分自豪，他正在地里挖土豆呢！"

原来杜鲁门的弟弟是一位农夫，不过，母亲并没有认为这位做农夫的儿子是没有能力的，对她而言，每个孩子都令自己感到骄傲，不管儿子是总统还是农夫。杜鲁门的弟弟在接受记者采访时，是这样说的："我为哥哥感到骄傲，他将是美国最优秀的总统之一，不过我同时也为自己感到骄傲，我是一名农夫，用自己的双手养活了自己，照顾了父母。"

杜鲁门的弟弟是如此自信，而这样的自信正是来自母亲的赏识。在中国的家庭里，父母常常会把自己孩子的短处和别人孩子的长处相比，甚至把别人的孩子过度美化，本来想给自己的孩子树立榜样，实际上却给孩子带来很大的伤害，甚至会影响孩子一生的生活。

每个孩子都有自己的长处和优点，尽管孩子的天资有别，学习事物有快有慢，学习成绩有高有低，不过判断一个孩子的好坏，不能只取决于某一个方面。作为父母不能只凭长相、成绩等某个方面就认为孩子不如别人、没有前途，而是应该善于发现孩子的优点和长处，一定要相信自己的孩子是最优秀的，

把赞美送给孩子，让他们在赞美中继续发扬自己的优点和长处。

某周末，学者到当地一位教授家中做客，一进门，就看到教授5岁的小女儿，孩子满头黑发，漂亮的大眼睛让人觉得十分可爱，他不禁在心中称赞这个孩子真漂亮。当学者把从中国带去的礼物递给小女孩的时候，孩子微笑地向他道谢，这时学者忍不住夸奖："你长得真漂亮，真是可爱极了！"

不过，这位教授似乎并不领情学者的夸奖，在小女孩离开之后，教授的脸色一下子变了，他对学者说："你伤害了我的女儿，你要向她道歉！"学者感到很奇怪："我只是夸奖了你的女儿，并没有伤害她呀？"教授却摇头说："你是因为她的漂亮而夸奖她，不过漂亮这件事，不是她的功劳，这取决于我和她母亲的遗传基因，与她个人基本上没有关系。不过孩子还很小，不会分辨，你的夸奖会让她认为这是她的本领，她一旦这样认为天生的漂亮是值得自豪的资本，就会看不起那些长相平庸的孩子，这会误导她的想法。"

教授继续说："其实，你可以夸奖她的微笑和有礼貌，这是她自己努力的结果。所以，请你为刚才的夸奖道歉。"学者只好很正式地向教授的小女儿道了歉，同时称赞了她的微笑和礼貌。

父母应该赏识孩子的勤奋和努力，对孩子的努力给予最热

情的支持和鼓励，不要因为孩子的不聪明而气馁，应该为孩子的不努力感到担心。所谓的天才，其实是百分之一的聪明加百分之九十九的勤奋。父母应该淡忘孩子的聪明，重视孩子的努力，并把这种理念传递给孩子，让他们感觉到只有努力才能赢得称赞，最终他们会明白这个道理：聪明往往只能决定一时的成败，而努力则决定了一生的命运。

许多父母把赏识与赞扬等同起来，在他们看来，赏识孩子就是告诉孩子："你真棒！"但是，赏识教育远远不是说一句"你真棒"这样简单。赏识首先应该是一种心态，一种欣赏孩子的心态，而赞扬只是赏识的一种手段，父母只有把赏识的心态融入称赞中，孩子才会感受到正面评价的力量。

小贴士

1.真正的评价来自父母的内心

父母总是希望自己的孩子是最好的，不过，在父母的眼里，自己的孩子总是不如别人的孩子好，这到底是为什么呢？这主要源于父母望子成龙的心态，实际上，每个孩子都有优点，也有缺点。因为父母每天跟孩子生活在一起，所以他们总是看到孩子的缺点，而渐渐忽视了孩子的优点。

2.评价孩子后天的努力

评价孩子的时候，只能评价孩子的努力，而不应该评价孩

子的聪明与漂亮，因为聪明与漂亮是孩子先天的优势，而不是孩子值得炫耀的资本和技能，不过努力和进步则不是这样，这是孩子后天的表现，应该予以肯定。

3.及时正面评价

每个人都希望获得别人的认同，孩子更是这样，特别是来自父母的肯定。孩子通过自己的努力，在学习或比赛中赢得好成绩，就是值得父母赏识的事情。这时父母应该及时给予热情的赏识和赞扬，许多事实证明，及时正面评价孩子，比事过之后再给予赞扬所起到的作用要大得多。

有时孩子需要的不仅仅是父母一句赞扬的话，他们更需要得到父母的重视和关心。假如父母没有对孩子的成绩表示出及时的关注，会让孩子感到失望，甚至有可能让孩子失去继续努力的动力。及时正面评价孩子，将会给孩子传递一种强大的精神力量，会让孩子更加自信，从而激励孩子奋发向上，让孩子健康快乐地成长。

赞美效应，别忽视孩子的闪光点

赞美是对孩子言行的肯定，而得到父母肯定评价的孩子，往往会怀着一种潜在的快乐心情来满足父母对他的期待，这在心理学上叫作赞美效应。

　　父母经常犯的错误是好高骛远，一方面认为自己的孩子是最好的，另一方面因为孩子达不到自己设定的标准而感到失望，他们总希望孩子表现优秀，有最好的前途，所以比较难以容忍孩子在某些方面，尤其是学习上不及同龄的人，认为这是孩子的失败。

　　父母经常犯的错误，就是拿优秀的孩子与自己的孩子比较：大家一起学习，别人能学好，为什么你学不好？肯定是孩子不肯用功。实际上，对于那些学习基础比较薄弱的孩子而言，比较这样的错误做法正是父母需要避免的，因为这样的错误对孩子自信心的打击最大，对于提高孩子的成绩却是毫无作用的。

　　毫无疑问，做父母的，没有谁不爱自己的孩子，常常拿别人家的孩子与自己的孩子相比，也是出于善心，希望孩子能以他人为榜样，学习别人的优点，为父母争气。不过，父母有时候就是善心做坏事，假如爱孩子，就不要拿自己的孩子与他人做比较，拿自己的孩子与成功人士相比，希望自己的孩子能像成功人士小时候那样聪明，用心是好的，不过往往因为对孩子有太高的要求，而达不到教育的效果，甚至会起反作用。

　　威廉和斯蒂芬是表兄弟，两人常常一起玩，学校一放假，斯蒂芬就会到姨妈家里玩儿。这天姨妈和斯蒂芬聊起了考试成绩，斯蒂芬自豪地告诉姨妈，自己的各科成绩都是A，姨妈夸奖说："你真是好孩子，学习总是那么好，咦，我还没有看见

威廉的成绩单，威廉，你来一下。"其实，威廉早已在楼梯上听到了妈妈和表哥的谈话，听到妈妈叫他，不情愿地走过来，妈妈问："威廉，这次考试考得怎么样？成绩单在哪里？"威廉回答说："在房间里。"

看着威廉无精打采的样子，妈妈有些生气，问："是不是又考了坏成绩？去把成绩单拿来，我要看一看。"成绩单拿来了，没有一科是A，妈妈忍不住大声呵斥："你的成绩为什么总那么糟？斯蒂芬总是取得好成绩，你为什么不能像他一样，你的学习环境哪一点比他差？你就是太懒，总是注意力不集中，不专心听讲，回房间里好好想一想，再来跟我谈，我不想看你现在这个样子。"尽管已经不是第一次在斯蒂芬面前受训，但威廉还是感觉自己下不来台，只好噙着眼泪回到了房间。

父母常常拿自己的孩子与别人做比较，对孩子造成的影响是很严重的，那些被父母常做比较的孩子，通常会有一些负面情绪，诸如不开心、没有安全感、愤怒和嫉妒等，也就是情绪受到困扰。那些被父母做比较的孩子觉得自己得不到父母的注意，因为父母似乎喜欢别的孩子多一些，因此孩子会做出一些吸引父母的行为，不过这些行为通常都是父母不喜欢见到的，这就是一种恶性循环。

父母最好不要将自己的孩子与别的孩子做比较，而是关注自己孩子每一个微小的进步，毕竟，每个孩子有每个孩子的特点，假如父母只和优秀的孩子攀比，看不到自己孩子的长处，

只看到孩子的短处，这很容易让自己的教育收不到应有的效果，甚至是失败。

小贴士

1.看到孩子的优点

许多父母对于孩子的缺点数落不完，一旦被问到孩子的优点，却显得支支吾吾，半天说不上几个来。其实，很多父母只看到了孩子的缺点，而没有看到孩子的优点，即便是孩子有一个优点，父母也会横向比较，觉得孩子与更优秀的孩子还是有差距，这样的心理会促使过高的期望值模糊了父母的眼睛。所以，父母应该看到孩子的优点，只要孩子显露出了一个优点，那就是值得赞赏的事情。

2.孩子微小的一步，也是值得称赞的一大步

父母要善于发现孩子每天的一点进步，可能他今天变得有礼貌，懂得尊重他人，开始学会关心妈妈了，等等，这些点点滴滴的进步看起来微不足道，却是孩子做出的努力，所以，值得每一位关心孩子成长的父母进行大力的赞赏。

3.降低自己的期望值

父母要改变观念，好孩子的标准既是要学习好，又要身心健康、人格健全。父母要降低自己的期望值，鼓励孩子的点滴成就，平等地与孩子沟通，尽可能地避免使用刺激性的语言来对孩子造成伤害。

可口可乐效应，唤醒孩子的自信心

当孩子还很小的时候，父母呵护备至，担心孩子受伤害，几乎都是按照孩子的想法来做事。但是，随着孩子长大、懂事了，父母却发现孩子开始出现问题，出现毛病了，总认为和自己想象得差很远，这样父母便开始按照自己的意愿来要求、刻画孩子，看孩子用的都是挑剔的眼光，不是这个不行，就是那个不行，父母总会说孩子存在的各种问题。在他们的口中，似乎孩子没有优点，只有缺点，如果父母总是用挑剔的眼光看孩子，对孩子的成长是很有害的。

小丫上小学一年级，妈妈总是说她这没做好，那也没做好，她已经习惯妈妈的唠叨了，反正爸妈不说她，她就几乎不想做作业，因为长时间的挑剔让她已经习以为常。小丫妈妈在别人面前也说她，这也做不好，那也做不好，还说她不听话，她看着好像没什么，不过心里还是感觉不舒服。

尽管孩子年龄比较小，对父母的举动没有太大的反应，不过等孩子到了上初中的时候，叛逆就来了。所以，父母不能用挑剔的眼光去看待孩子，每个孩子都有自己独立的想法，有自己的心理反应，假如父母不顾孩子的自尊心，一味地挑剔，只会让孩子在打击声中越来越自卑。

即便孩子现在的表现不能让父母满意，也不要太过于着急，而要用欣赏的眼光看待孩子，发现孩子的优点和长处。当

然，欣赏孩子并不是一味地鼓励或赞扬，而是要真正认识到孩子的才能和所做事情的价值，给予充分的重视和赞扬，支持孩子朝着他自己所喜欢、所擅长的方向发展，让孩子最终获得精彩的人生。

许多父母的挑剔是多方面的。

1.过高的要求

许多父母为孩子制订了过高的要求，比如学习成绩优秀、生活习惯良好、参加各种活动和培训班等，都是按照父母设定的要求去做，孩子没有选择权。有的父母对孩子要求很高，孩子不能犯一丁点错误，一旦犯错就是责骂和打击，在这种环境下成长的孩子容易自卑，做事情不能放开手脚，想问题没主见，做事情不独立。这样的孩子长大后，思维比较狭窄，考虑问题不全面，没有创新意识，而这都是小时候的经历造成的，因为父母没有给孩子思考问题的机会，即没有给孩子创新的机会。

2.过于挑剔

父母对孩子太过于挑剔，只要挑出来一个毛病，就会加倍挑出其他的毛病。对待孩子身上的毛病，父母需要一分为二地看待，毕竟孩子还小，毛病肯定会有，没有毛病的孩子几乎不存在。有的父母觉得孩子学习成绩不好，就觉得他什么都不好，看到孩子出现小问题，就用放大镜去看，以偏概全，结果孩子就在挑剔的眼光中自卑而委屈地成长。

据说，有一次几十个中国孩子与外国孩子一起进行了某项测试，测试后的分数让孩子拿回家给父母看。结果，外国80%的父母对自己的孩子表示满意，中国的父母80%表示不满意，而实际上外国孩子的成绩还不如中国孩子，这是为什么呢？中国的父母总习惯用挑剔的眼光看待孩子，而外国的父母则习惯用欣赏的眼光看待孩子，许多父母望子成龙的心态太过急切，他们好像容忍不了孩子暂时的落后与普通的成绩，往往把自己急躁的情绪撒在孩子身上，对孩子呵斥、打骂，不过这样做的结果往往适得其反。

小贴士

1.用发展的眼光看待孩子

父母应该用发展的眼光看待孩子，允许孩子犯各种错误，不过父母要及时帮助孩子改正，不要等自己突然想起孩子以前所犯过的错误，现在有时间了就开始教育孩子，这其实违背了教育的及时性，无论父母怎么说，孩子也是不会听的。

2.等待孩子慢慢成长

父母要学会等待孩子成长，孩子毕竟还很小，他的想法不可能跟大人一样成熟，父母要允许孩子有自己的想法、做法，等孩子长大了、见识多了，他就会慢慢地纠正以往那些不足的地方。

3.了解孩子的想法

父母要学会和孩子共同探讨一些问题，从而了解孩子的想

法，引导孩子的思维，同时激发孩子对知识的渴望，允许孩子说出一些稀奇古怪的想法，让他自己去找资料来验证，或父母给孩子提供资料。

马太效应，别对孩子进行横向比较

在教育中，马太效应的作用是消极的。假如不注意这种马太效应，那就必然造成只重视和培养少数拔尖学生，忽视和放弃大多数学生，形成少数和多数的隔膜、分化、对立。一位8岁孩子的父母说，儿子唱歌得到老师表扬，但他提醒孩子不要得意，理由是还有更优秀的孩子。听到了父母这样的评价，孩子觉得很委屈。

教育专家指出，许多父母看不到孩子的进步，总喜欢拿孩子的某个方面与更优秀的孩子比，结果是越比越不满意，这样下去孩子的压力也与日俱增。因此，父母需要给予孩子一个平等的支点。

林妈妈觉得豆豆的学习成绩有所下降，着急的她为了激发豆豆的好胜心，忍不住数落豆豆："你怎么不争气呢，你看你同学丁丁多认真，听说这次考试他又是第一名，你要多向他学习，知道吗？""我觉得自己已经够努力了，怎么会把我跟丁丁一起比呢，他每次都是第一名，依我说，他还是在原地踏步

呢。"豆豆不以为然地丢了一句给妈妈，林妈妈没有想到豆豆会说这样的话，也有点激动地说："妈妈这样跟你说，是因为许多小朋友都在努力，你当然要更努力，否则就落后了，到时候成绩下降了怎么办。""哎呀，哎呀，知道了，你别说了，我知道了。"豆豆不耐烦地咕哝了几句，就进屋了。

　　林妈妈叹了口气，坐在客厅里沉思了一会儿，推门进了豆豆的房间，发现豆豆正在整理以前的卷子和书本。林妈妈也蹲下来，细心地帮豆豆整理书本，突然发现一个醒目的分数"69"，林妈妈大叫起来："这是什么考试的分数，我怎么不知道？"那语气大有一番逼供的味道。"哎，老妈，这都是一年级的事了，当时你还打了我呢，以我现在的能力，睡着了考试也不止这个分数。"豆豆跟妈妈开玩笑，林妈妈松了口气，赫然想起有句话叫作"对孩子，纵向比不要横向比"，她有些不好意思地说："整理了你以前的试卷，真看出来你进步很多，而且这个月的成绩已经明显比上个月高出了不少，妈妈错怪你了，你可不要生妈妈的气啊。"豆豆向妈妈做了一个鬼脸："放心吧，我会努力的，妈妈，只要你看到了我的进步，我就会奋勇向前，有一天我也能坐上第一名的位置。""嗯，妈妈相信你。"林妈妈信心满满地说。

　　其实，孩子最好是不要用来比较，即便是比较那也是纵向比，而不是横向比。这里的纵向比就是比较孩子自身的进步，只要孩子比昨天多了些进步，那就是一种收获；横向比，则是

比较与孩子同龄的孩子，许多父母都用孩子的某个方面与更优秀的孩子比。这两种比较方法可想而知，前者会让你看到孩子的进步，后者会模糊孩子的明显进步，更提升了父母的期望值。

小贴士

孩子微小的一步，也是值得称赞的一大步。

与同龄最优秀的孩子相比，可能自己的孩子总是显得不那么突出，方方面面都不尽如人意。但是，比起孩子昨天的表现，你的孩子是否已经走了微小的一步呢。以前他可能英语成绩不及格，但现在几乎都能跨过及格的大关，取得了良好的成绩，或许他离优等生还有一段距离，但是孩子的进步却是明显可见的，因而这也是值得称赞的一大步。父母要善于去发现孩子每天的一点进步，可能他今天变得有礼貌，他懂得了尊重他人，他开始学会关心妈妈了……这一些点点滴滴的进步看起来微不足道，却是孩子做出的努力，所以，值得每一位关心孩子成长的父母进行大力的赞赏。

孩子在纵向比较中增强了自信心，却在横向比较中丧失了信心而变得自卑，所以，父母要关注孩子的每一个微小的进步，纵向比而不是横向比。

第 7 章

逆商教育，引领孩子战胜怯弱

俗话说："没有什么教育比逆境来得更实在。"一个可以取得大成就的人必定经历过大的挫折。所以，逆商，即面对挫折、摆脱困境时的反应能力要从小培养。儿童时期是培养逆商的关键期，父母要有意识地帮孩子培养"输得起"的精神，引领孩子战胜怯弱。

甘地夫人法则，让孩子勇于面对挫折

甘地夫人认为，人在成长过程中，既有愉快的体验，也会不可避免地遇到各种挫折。挫折的到来不会以人的意志为转移，更不是父母时刻呵护就能避免的。要让孩子知道和慢慢体会，拒绝挫折就等于拒绝成长。

现在的孩子大多都是在万千宠爱中长大的，他们身上显现出任性、脆弱、自我、依赖性强、独立性差等特点。是的，随着社会的进步、经济的发展，孩子们的生活条件越来越优越，但是，他们在享受优越条件的同时，却像极了温室里的花朵，经不起外界的风吹雨打。这时候，如果不进行适当的挫折教育，就会使他们的性格越来越脆弱，心理承受能力也越来越差。因此，逆商教育应该值得引起每一位家长重视，因为今天的孩子需要承受挫折，在不断地锻炼之下他们才能够迎接未来的挑战。

前两天晚上，女儿幼儿园的小姐妹，也是我朋友的女儿来我家里玩。她们两个一起画画，我看到那个小朋友的画画得不错，就表扬了一句："小姑娘画的房子真漂亮。"女儿听到后，不高兴地走到另外一个房间，我没理她。这时那个小朋友说要

玩具，我就把女儿平时玩的积木给她，女儿看到后更加不高兴了，又走了，直到客人走了，女儿也没从房间里出来。

后来，女儿莫名其妙哭了，哭得很伤心，我问她为什么，她说："你说她画得好，我也画得很好啊，但你为什么不表扬我呢？我要做一个不听话的坏孩子。"我愣了，女儿又很委屈地说："你拿玩具给她玩，又不给我拿。"我解释说："因为她是客人，所以妈妈要拿好吃的给她吃，拿玩具给她玩。"女儿委屈地说："可我是你女儿，为什么你不拿给我呢？"

人们的生活水平提高了，社会中独生子女所占的比例也越来越大，但对孩子的教育问题却成为父母最头疼的问题，在家庭教育的过程中，出现了一个十分突出的矛盾，那就是孩子的生活和受教育条件越来越好，但孩子们的身心承受能力越来越差。在我们身边，常常有孩子因为遭受批评而选择离家出走或自杀，其中的关键原因就是孩子生活得太顺利了，缺乏相应的挫折教育。

挫折教育就是指家长有意识地设置一些困境，教孩子独立去对待、克服，让孩子在困难环境中经受磨炼，摆脱困境，培养孩子迎着困难而上的坚强意志及吃苦耐劳的精神。

父母还要有意识地依据孩子的抗挫能力进行教育，有的孩子能力较强，父母只要适当的启发，放手让孩子自己去解决问题；有的孩子能力较弱，父母可以帮助制订计划，使孩子不断地看到自己的进步，继而逐渐养成克服困难和挫折的能力。

小贴士

1.对孩子，要多肯定与鼓励

当孩子遇到挫折困难的时候，父母应该及时地肯定与鼓励孩子，给予孩子安慰和必要的帮助，使孩子不至于感到孤独无助。这时候，父母不要用一些消极否定的语言来评价孩子，如"你真是太笨了，这么简单的事情都做不好""做不好就不要再做了"等，这些话会强化孩子的自卑与挫败感，再遇到挫折与困难，他就没有信心去面对了。父母可以使用一些积极肯定的评价，给予孩子自信，使孩子意识到自己的努力是受到肯定和赞扬的，没有必要害怕失败，继而逐渐学会承受和应付各种困难与挫折。

2.引导孩子正确对待挫折

孩子对周围的人和事物的态度往往是不稳定的，他们容易受情绪等因素的影响。他们在遇到困难与挫折的时候，往往会产生消极情绪，不能正确地面对挫折。这时候，需要父母及时地告诉孩子"失败并不可怕，只要勇敢向前，一定能做好"，父母有意识地让孩子把失败当作一次尝试的机会，引导孩子重新鼓起勇气再次尝试。同时，父母还应该教育孩子勇敢地面对挫折与困难，增强抗挫折的能力。

3.给孩子适当的压力

父母可以把适当的压力交给孩子，让他自己来处理，让孩

子适应人生阶段性的挫折，并从挫折中找到解决的办法。如果孩子面临压力，父母可以帮助孩子进行心理疏导，但绝不能大包大揽，让孩子觉得压力是与自己无关的。有的父母对孩子的赏识教育过头了，让孩子觉得自己是世界上最好的、无往不胜的，无法承受批评和失败，这样不能接受批评、承受压力的孩子，他们在未来的生活中必定是充满痛苦的，甚至有可能被压力所吞噬。

4.适当的批评

批评和表扬一样，都伴随着孩子的一生。有的父母怕孩子受委屈，即便是孩子做错了，也从来不说孩子的不是，时间长了，就使孩子养成只听得进表扬的话，而不能接受批评的不良习惯。其实，父母应该让孩子认识到每个人都是有缺点的，有的缺点可能是自己不知道的，但别人很容易发现，只有当别人批评自己时，自己才能知道错在哪里。让孩子明白有了缺点并不可怕，只要勇于改正就是好孩子。

5.挫折教育也需要顺应孩子的个性

任何教育都要考虑到孩子的心理特点以及个性特点，不同的孩子面对挫折教育会反映出不同的心理。所以，父母对孩子所进行的挫折教育也需要因人而异。有的孩子自尊心比较强、爱面子、遇到挫折就很沮丧，对这样的孩子父母不要过多地批评，点到为止即可；有的孩子比较自卑，父母要多安慰少指责，善于发现他们的闪光点。

烦恼定律，重视孩子成长中的逆境

挫折是当孩子遇到无法克服的困难，不能达到目的时所产生的情绪状态，人的一生可以说是与挫折相伴的。困难和挫折，对于成长中的孩子而言，是一所最好的大学，而父母给孩子过分的溺爱和保护，让孩子缺少参与、实践的机会，缺乏苦难的磨炼和人生的砥砺，所以，孩子的心理承受能力十分脆弱，遇到一点点挫折就灰心丧气、自暴自弃，从而失去信心。

孩子的成长是一个前进而又曲折的过程，从孕育到出生到长大成人，是生命体膨胀裂变衍生变化的过程。在这期间孩子身上会伴随不同的年龄段出现生理和心理的压抑与释放特征。在外界环境压力较大或不适应身心需要的情况下，容易出现成长过程中的"逆境"。对此，父母应该重视孩子成长中的烦恼，给予充分的理解和释放环境，保证孩子健康成长。

孩子上一年级快两个月了，她是一个脾气十分暴躁的小女孩。她从小记忆力就特别差，注意力不集中，老师总说她上课不听话。平时在家里，她连自己放的东西在哪里都不记得。

我发现她给自己的压力很大，毛笔字写不好，就撕掉重写。作业写不好，就一个劲地擦来擦去。别的父母都在为孩子不努力而担心，但我这个孩子自尊心太强，我也着急，总想劝她，又怕她以后不努力。现在我和孩子的爸爸在另外的城市工作，孩子由外婆带，我非常担心孩子以后的发展。

　　年龄的增长是孩子成长的标志，而在这个过程中，他们会有许多烦恼。比如在成长的过程中经历父母的教导、老师的教育，还背负着很重的担子。对许多孩子而言，他们都会讨厌写作业、考试，这些都是孩子的烦恼。

　　孩子成长得很快，转眼就可以长高，长大。假如父母不了解孩子，教育方式不对，那亲子双方都会感到痛苦，势必浪费许多精力与时间。心理学家认为，孩子在成长过程中，需要父母陪伴，需要指导，需要呵护。对孩子，父母首先要了解他，然后才能帮助他。

🧑 小贴士

　　对于孩子来说，他们的逆境则是在学习和生活中受挫，而他们受挫的原因心理学家认为有这样几点。

1.心理承受能力较差

　　许多父母为了帮孩子创造良好的学习氛围，不让孩子吃一点苦、受一点委屈，认为孩子的任务就是学习，其他所有事情都由父母包办。父母将孩子在家庭范围内承受挫折磨炼的机会降到了最低。尽管这样的父母用心良苦，不过结果却适得其反。因为对孩子的过度关心、过度保护、过度限制，让孩子缺少磨炼，最终让其形成一种无主见、缺乏独立意识、依赖父母的心理。一旦这样的孩子遇到逆境就会束手无策、心灰意冷，心理承受能力很低。

2.情感上的困扰

孩子情绪情感的深刻性和稳定性尽管在发展，不过依然有外露性，比较冲动，容易狂喜、暴怒，也很容易悲伤和恐惧。对孩子来说，情绪来得快，去得也快，顺利时得意忘形，遇到挫折就垂头丧气。因为理智和意志比较薄弱，不过欲望较多，假如家里不能满足其要求，孩子就会产生一些不良的情绪，他们会忍不住发脾气。

3.学习上的烦恼

如今许多孩子都是独生子女，父母望子成龙心切，对孩子提出很多不符合他们身心发展规律的过高期望，再加上频繁的考试、测验、作业、学业竞争，从而增加了孩子的心理压力，让孩子们不敢面对失败。沉重的学习负担和强大的思想压力，让孩子的精神非常紧张，长时间处于焦虑不安之中。

4.人际关系方面的困扰

随着孩子的心理发展和自我意识的增强，强烈地渴望了解自己与他人的内心世界，所以产生了相互交换情感体验、倾诉内心秘密的需求，他们希望得到别人的理解、尊重、信任。不过有的孩子因为个人特点造成在人际交往上的障碍，自以为是，不能清楚地了解自己的不足，这让他们在人群中很不受欢迎，这样的孩子容易感到孤独。

詹森效应，让孩子摆脱考前焦虑症

人们把平时表现良好，但由于缺乏应有的心理素质而导致正式比赛失败的现象称为詹森效应。不少孩子在考试前都会有紧张的情绪，有的孩子会手心出汗，甚至出现头晕、全身乏力的现象。面对如此紧张的孩子，父母也陷入了焦虑，不知道该怎么办。实际上，孩子在考试之前出现紧张的状态，都是有原因的。

面对考试，该怎么办呢？其实就是强化信心，正确地看待考试。考试都是有规律可言的，只要平常学习到位了，考出一个理想成绩应该是自然的。我们可以对孩子说，考试并不可怕，它和平时作业练习没有什么本质的区别。假如孩子对自己还是信心不足，那就要引导他看到自己的优势以及不断的进步。要多看、多说、多想自己的优点，尤其是那些平时贪玩而成绩不太好的学生，千万不要觉得一切都太晚就轻易放弃了。当然，父母应该认真地分析孩子的实际水平，从兴趣爱好以及能力出发来选择孩子最适合的目标，既不能好高骛远也不能妄自菲薄，实现目标的概率大了，自信自然也会增强很多。

快要考试了，和大多数父母一样，林妈妈也陷入了焦虑中。中午吃饭的时候，几个同事坐在一起议论，"平时孩子倒有说有笑挺轻松的，一到考试就紧张，天天在我跟前说'不想

考试，讨厌考试'，这可怎么办呢"　"我家田田也是，平时活泼机灵，看起来很轻松，一到考试整个人就蒙了，每次期中期末考试都紧张得手心冒汗，有一次考试，她还紧张得生病了"　"我家孩子更厉害，每次考试都想逃避，不是生点小病就是出点事情，只要一听说考试，不仅孩子紧张，连我都紧张了"。听了同事们的聊天，林妈妈也加入其中，最近豆豆老是心神不定，书也看不进去，还跟她说："妈妈，要是我没有考好，你会打我吗？"那眼神中透露出的紧张，连林妈妈都忍不住心疼。

孩子一考试就紧张，到底是怎么回事呢？

有的父母对孩子期望很高，孩子考砸了就进行打骂责罚，这样就会使过去的一些心理阴影成为一种心理障碍，一听说考试就不由自主地紧张；有的孩子本身心理素质就比较差，平时也很少向父母诉苦，即便是自己有许多学习上的压力也一个人承受，这时候父母若忽视了对孩子心理问题的关注，就会造成孩子心理承受能力比较差、容易紧张的情形；有的孩子则是面临着来自周围环境的压力，有可能是老师方面的压力，也有可能是同学们无意中带来的压力，他在一种压力重重的环境中自然会产生紧张的情绪。

在考试中，孩子可能会遇到许多困难，假如估计不足，缺乏应对准备，就可能影响临场的发挥状态，导致紧张慌乱。父母要给予孩子一些建议，比如，考试时生病怎么办？考试前遇到不顺心的事情怎么办？一开始就遇到不会做的题怎么办？

万一第一门课考得不理想怎么办？假如父母事先考虑或准备得充分一点，即便孩子真的遇到不顺利的情况，也会冷静很多，不至于手足无措。

小贴士

1.给孩子一个轻松的环境

即便担心孩子的情况，父母也不要表现出自己的焦虑，需要给孩子营造一个轻松的环境。如果考试临近了，父母不要把所有的注意力都放在孩子的考试上，这样不但给自己带来了烦恼，无形之中也给孩子带来了压力。父母可以假装无意地说："咦，你今天考试？我以为还要过几天呢，好好发挥哦。"这样不经意间透露出来的轻松，会让孩子松一口气。

2.缓解孩子紧张的情绪

有的孩子遇到学习上的很大压力，也不会开口向父母讲，这时候就需要父母主动与孩子谈心，明白他到底在担心什么，找到问题的症结所在，这样一点一点地缓解孩子心中的压力。尤其在考试来临之时，父母可以与孩子谈一些轻松的话题，让孩子放松心情，释放出紧张的情绪。

3.给予孩子充分的自信

有的孩子会念念不忘自己考试失利的经历，每逢考试都会担心自己考得很差。这时候，父母要给予孩子最大的支持，告诉孩子要相信自己。另外，父母也可以教会孩子增强自信的秘诀：每

天早上对着镜子说，我是最棒的！这样，孩子就有充足的自信来应付考试，紧张的心情也会随之消失。

高原现象，帮助孩子克服厌学情绪

孩子停滞不前，头脑昏昏沉沉，什么事都不想干，看不进书也记不住内容，性情易急躁烦闷，产生厌学的情绪，等等，这就是心理学上所说的"高原现象"。在现实生活中，许多孩子一提到上学就感觉浑身难受，出现肚子疼、出汗、失眠等症状，到医院做检查却发现孩子身体没问题。这时候，作为父母就应该引起注意了：孩子有可能得了厌学症。厌学症是目前青少年诸多学习心理障碍中最普遍的问题，也是青少年最为常见的心理疾病之一。

这些天张先生四处打电话求助："一向听话的女儿突然厌恶学习，真不知道该怎么办才好。"

张先生说，开学没几天，正在上六年级的女儿在一次放学回家后就显得闷闷不乐，也不像往常一样做作业，而是把自己一个人关在卧室里，半天也不出来。张先生推门一看，女儿趴在床上似睡非睡。张先生随口说了一句："还不赶快写作业！"女儿突然对着父亲咆哮了起来："就晓得催我写作业，我再也不上学了！"张先生一下子惊呆了，平时听话的女儿这

时像变了一个人似的，满脸涨得通红，一副怒不可遏的模样。张先生问女儿为什么不想上学，她死活不说，只是不停地嚷嚷："我不想上学！不想上学！"

为了弄清楚女儿到底为什么厌学，张先生第一次主动给女儿的班主任打了电话。通过交流得知，女儿最近的课堂表现很糟糕，无精打采，经常在课堂上看漫画书。几位任课老师纷纷反映，女儿学习很吃力，没办法及时消化老师所讲的内容。末了，班主任给张先生敲了"警钟"。

对于这样的案例，教育专家认为，六年级是产生两极分化的关键阶段，课程多了，学习内容增加，难度也加大了。在这一阶段，学习好的学生开始显山露水，而学习比较被动的学生则容易掉队。张先生的女儿很有可能是由于学习上的挫败影响到自己，而这样的状况又没得到及时的排解，压力过大产生厌学心理。对张先生来说，应该细心疏导女儿，让孩子认识到读书的重要性，争取让她自己要求回到学校，如此才能事半功倍。

引发孩子厌学症的原因很多，大致可以分为主观原因和客观原因。主观原因：许多孩子自身比较懒惰、怕苦怕累，总觉得学习是一件很苦很累且很乏味的事情，一看到书本就头痛，总想找机会逃避学习，或者，有的孩子在学习上付出了很大的努力，但每次考试成绩都不理想，他们就觉得自己不是学习的料，开始厌倦学习。客观原因：校外娱乐场所，诸如电子游戏

室、网吧等带来的影响，有的则是父母强制孩子学习，影响到孩子对待学习的态度，学业太繁重，孩子每天都沉浸在学习中，没有时间放松，使得他们对学习产生逆反心理和厌倦心理。

从心理学角度来看，厌学症是指孩子消极对待学习活动的行为反应模式，主要表现为学生对学习认知存在偏差，情感上消极对待学习，行为上主动远离学习。患有厌学症的孩子往往对学习失去兴趣，他们没有明确的学习目的，恨书、恨老师、恨学校，严重者甚至一提到上学就恶心、头昏、脾气暴躁、歇斯底里。

小贴士

1.降低对孩子的期望

父母总说考试要考第一，但是，"第一"只有一个，不是每个孩子都可以得到。因此，作为父母应该正确认识这样的结果。在与孩子交流的过程中，了解他的学习困难，帮助他制订切实可行的学习计划。在学习之外，要多与孩子沟通，孩子考试失败了，对他说："你是最棒的！""你已经尽力了！"帮助孩子重新树立信心。

2.让孩子体验到成功的快乐

趋乐避苦，这是人之常情。如果孩子在学习上总是摔倒，体验不到成功的乐趣，自然不愿意努力学习。那么，父母可以制造机会，比如，孩子英语比较差，可以让他先做几道简单的

习题，让他轻松完成之后，体验学习的乐趣，再逐步增加习题的难度。

3.引导孩子积极的自我暗示

那些经常给予自己积极的心理暗示的孩子，往往能避免学习的失败。对此，父母要引导孩子学会积极的自我暗示，经常对自己说一些激励的话。比如，每天早上起来，对着镜子说"我是最棒的""今天又是美好的一天"。

第 8 章

潜能教育，挖掘孩子内在的潜能

　　75%的孩子是潜在的天才，只有3%的孩子是天生的天才。所以，即便孩子不是天生的天才，也一样有机会成为天才，只要父母投入精力去挖掘孩子内在的潜能。同时，在潜能教育过程中，让孩子快乐地成长，孩子有一个完善的人格，比获得知识更重要。

思维能力，给孩子独立思考的机会

思考就像播种一样，播种越勤，收获也就越丰盛。一个善于独立思考的孩子一定能品尝到清甜的果实，享受到丰收的喜悦。爱因斯坦说："学会独立思考和独立判断比获得知识更重要。"他还说："不下决心培养思考习惯的人，便失去了生活的最大乐趣。"父母要有意识地培养孩子独立思考的习惯，慢慢引导孩子主动发现问题、思考问题，进而在思考中解决问题。

如果父母为孩子把什么都安排得妥帖周到，从来不鼓励孩子独立思考，这样下去就会渐渐地扼杀孩子的思考能力。所以，父母可以用本章介绍的方法培养孩子独立思考的能力。

每次考试回来，孩子都要向妈妈诉苦："这个题本来我选的是B，交卷子的时候，听见同学说选A，我就改成A了，结果改错了，我的答案才是正确的，唉！这两分实在是冤啊！"有好几次考试都是这样，妈妈刚开始只是笑了笑，告诉孩子："只要是自己做出的答案，除非真检查出了错误，否则一律不改。"孩子点点头，可下次还是有这样的情况出现，这让妈妈意识到，孩子的独立思考能力有点差。

独立思考是积极主动的思考，而且具备新颖性、创新性，这应该是每个孩子必备的能力。那些不能独立思考的孩子，就没有独立性，有的父母不想让孩子吃苦，任何事情都包办，不鼓励孩子独立思考，导致孩子离不开父母。其实，这样的父母应该好好反思，长此以往，孩子就会形成性格脆弱的特点。作为父母，要培养孩子独立思考的习惯，父母需要提供机会让孩子自己去思考，让孩子在独立思考中获取答案，并且培养孩子明辨是非的能力。

孩子有一定独立思考的能力是思维发展的重要特征，一些孩子经常会说"爸爸，我不知道怎么说" "妈妈，你说我该怎么办" "爸爸，你去替我做嘛"。孩子们在遇到困难的时候，本能的想法就是依靠父母帮助他们思考、帮助他们做判断。这时候，父母可以用日常生活中的具体问题，给孩子提供一个学会独立思考的机会，让孩子自己面对问题，并想出解决问题的方法。

小贴士

1.创造独立思考的环境

父母不能因为孩子太小还需要自己的照顾就把孩子当成附属品，并且在各方面都支配孩子的言行。其实，孩子也有自己的思考模式，他们有自己的世界、自己的空间。若孩子有什么特别奇怪的想法，父母要允许这些想法的存在，并积极加以引导，给孩子一个独立思考的机会。父母可以与孩子一起逛动物

园、科技馆，和孩子一起阅读故事书或看电视，然后让孩子思考"你看到了什么""你听到了什么"，引导孩子思考事物本身之外的问题，并从思考中获得答案。

比如，有的父母会通过朗读简单的故事来引导孩子思考问题，可以先让孩子读一篇故事，然后和孩子一起讨论，由此引发孩子联想出一连串问题。很快，孩子就表现出了远胜于同龄孩子的思考能力。这样为孩子创造出思考的氛围，帮助孩子提高独立思考的能力，使孩子在以后的学习中受益匪浅。

2.让孩子学会独立思考

父母在与孩子相处的过程中，要以商量的口气讨论，多留给孩子思考的空间，为孩子提供一个可以说出自己想法的机会，父母可以依据谈话的内容向孩子发问"你觉得这是怎么样的""如果是你，你会怎么做""对这件事，你是怎么想的"。这样提出一些问题，诱导孩子逐步展开思考。当孩子长时间处于思考状态中，父母也不要着急，应该给孩子留足够多的思考时间，也不要直接把答案告诉他们。即便是孩子答错了，父母也不要加以责备，应该帮助他们思考，引导他们去发现和纠正自己的错误。

3.鼓励孩子大胆发问

有人曾经问大哲学家穆尔谁是他最得意的学生，穆尔毫不犹豫地回答："是维特根斯坦。""为什么？""因为在我所有的学生中，只有他一个人在听我讲课的时候，老是露出迷茫

的神色，老是有一大堆的问题。"后来，维特根斯坦的名气超过了罗素，当有人问穆尔，罗素为什么会落伍时，穆尔坦率地说："因为他已经没有问题了。"由此可见，孩子的大胆提问有多重要，这表明孩子是在积极思考的，鼓励提问是智力教育的一种重要方法。父母应该鼓励孩子大胆提问，他们问得越多，知道得越多，就越能刺激孩子的独立思考能力。

4.给孩子独自思考的机会

孔子说过："学而不思则罔。"这是学习与思考的关系，也说明了思考对于学习的重要性。好奇心是孩子的天性，他们会不断地问"为什么"，这时候需要父母正确引导，不要压抑孩子的好奇心，这样他的求知欲就会越来越旺，进而提高了独立思考的能力。

有的父母抱怨孩子不喜欢动脑筋、不喜欢思考，这时候，父母应该问自己，在孩子的成长过程中，你有没有给孩子独立思考的机会？当孩子因为好奇心提出问题的时候，父母不要急于把正确答案告诉孩子，而是引导孩子积极思考探索，在思考中找出答案，有意识地培养孩子独立思考的能力。

好奇心，鼓励孩子在探索中学习

即使同龄的孩子，他们所掌握的知识面也大有不同，有的

孩子对一些简单的事物都难以理解，但有的孩子却了解高年级的一些知识，究其原因就在于孩子的好奇心。每个孩子都是有好奇心的，有的孩子也许好奇了，但在他还没有搞懂问题之前就把这个问题忘记了，也可以说这样的孩子好奇心不够，这样就促使孩子丢掉了开阔知识面的好机会。所以，要想孩子拥有广博的知识，同时激发孩子大脑的潜能，父母首先就应该让孩子保持强烈的好奇心。

爷爷来了，在小泉家住了好些天。早上，爷爷和爸爸戴着眼镜看报纸，睡眼惺忪的小泉坐在沙发上观察他们。一会儿，妈妈端来了早餐，爷爷和爸爸都放下了报纸，爷爷拉着小泉一起吃早餐。

小泉看着放在桌上的两副眼镜，心里痒痒的，想知道它们有什么不同。小泉匆匆吃了两口，就溜下了桌子，拿着两副眼镜在沙发上摆弄了起来。他拿着眼镜放在眼前看来看去，先戴上爷爷那副眼镜，感觉眼睛发胀，看着地面都是凹凸不平的，他赶忙把眼镜摘下来，地面还是平的。他又戴上了爸爸的眼镜，感觉眼睛有点疼，看旁边的东西好像没有变化，不过看远处看得比较清楚些。

后来，他尝试把两副眼镜叠在一起观察，当他一手拿着爷爷的老花眼镜，一手拿着爸爸的近视眼镜，这样一前一后放在眼睛前面观察时，他发现远处大楼上面的一只鸽子出现在自己的眼前。这一发现让小泉很吃惊，他在客厅大叫起来："爸

爸，你快来看哪，我看到了那大楼上的鸽子！"正在忙着打电话的爸爸没好气地说："小声点，别瞎碰我们的眼镜，当心弄坏了我可要收拾你。"妈妈责备的眼神也看了过来，小泉默默放下眼镜，走开了。

小泉显露出来的是好奇心，只可惜并没有受到父母的关注，使得其大脑潜能未能得到如期的开发。在日常生活中，父母需要有意识地保护孩子的好奇心，让孩子不断地追寻新奇的知识，在玩中学到知识。父母要想孩子的大脑潜能得到充分的开发，最重要的一点就是让孩子保持强烈的好奇心。

当孩子遇到不懂的问题，或看到不理解的现象时，心里就会出现像小泉那样"心痒痒"的感觉，这就说明他具备强烈的好奇心。一个孩子的好奇心达到了强烈的程度，他会在问题没有得到解答之前，吃不香饭，睡不着觉，一直到弄清问题为止。因此，对于父母来说，培养孩子的好奇心，让孩子永远保持一颗好奇心，就要有意识地引导孩子对新事物产生浓厚的兴趣，并且在这一过程中切忌打击孩子的积极性。

小贴士

1.耐心聆听孩子的问题

虽然孩子已经进入小学中期的学习，也掌握了一定的知识，但他们仍然会产生许多问题，"爸爸，为什么太阳落下去天就黑了？""为什么飞机能飞翔？"几乎每位父母都会遇到

孩子这样的问题。这些在父母看来很平常的事物，在孩子看来却充满了神秘，他们非常好奇，渴望得到答案。好奇心是孩子比较好的素质，作为父母应该予以很好的保护，尤其要耐心地倾听孩子的问题。

有的父母在面对孩子这样幼稚的问题时会表现得很不耐烦，或随便敷衍一下。其实，这时候孩子的自由意识已经开始萌芽，他们也有自尊心，能感受到父母这种不耐烦的态度，这会使孩子的自尊心受到伤害，下次再遇到不明白的问题就不会向父母发问了。在这样的情况下，大多数孩子的好奇心就被父母那种不耐烦的态度给无情扼杀了。所以，无论孩子问的问题有多幼稚，父母都要耐心倾听，以认真的态度来对待孩子的提问。

2.有意识地引导孩子的好奇心

父母保护孩子好奇心的方法不同也会导致不同的结果，有的父母直接告诉孩子正确答案，以为这样就满足了孩子的好奇心理，其实，这样直接获得的答案孩子很快就会忘记，他们也会逐渐在这种过程中失去了好奇心带来的乐趣。若父母不直接告诉答案，而是积极引导孩子，让孩子主动通过探索来获得知识，在鼓励孩子建立自信的同时，给予适当的帮助，不但引发了孩子的好奇心，还会引导孩子积极地思考。

3.与孩子共同体验快乐的"探索"

有的父母总是抱怨，孩子特别能"搞破坏"，常常把家里

的东西拆了。其实，这就是孩子因为好奇心对事物进行的探索过程，作为父母应该正确地引导孩子，让孩子明白他的"好奇心"所带来的影响，可以鼓励孩子将破坏的东西拼装起来，还可以和孩子研究事物的结构，引导孩子积极思考，这样既满足了孩子的好奇心，又让他在快乐探索中获得了学习的乐趣。

好奇心是孩子学习和成长的前提条件，父母应该以孩子的视角去看待他们的行为，保护孩子的好奇心，给孩子一定的空间去探索，给予孩子鼓励与支持，让孩子感受好奇心带来的乐趣与知识。

创意能力，保护孩子的智慧火花

据一份研究资料显示，外国中学生平时看上去学习不大用功，但却能时常提出一些独特的创新见解；而我国中学生平时学习刻苦，成绩也不错，遇到问题时却墨守成规、缺乏创新和突破。出现这样的现象应该值得每一位家长警觉和重视，不要再让孩子被动地接受学习，当他们的思想僵化，就毫无创造力可言了。因此，作为父母应该鼓励孩子的创造性，教会孩子打破常规，当孩子的智慧火花一闪现，就要加以保护。

其实，孩子的创新思维并不需要太复杂，体现在现实生活中甚至可以是很简单的形式。比如，一种游戏，孩子想出了一

种新的玩法；一道数学题，孩子想出了新的解题方法；面对新现象提出的创新问题，等等，这些都是孩子打破常规的创新行为。培养孩子创新意识的方法是多样化的，关键是父母要扮演好领航者，鼓励孩子坚持到底。

爷爷很喜欢养花，偶尔还会给家里捎带几盆好看的花，放在阳台上，并嘱咐孩子按时给花浇水。几盆花在孩子的精心照顾下长得枝繁叶茂，春天还开出了漂亮的花朵。有一天，孩子突发奇想地剪下了几枝月季花和太阳花，悄悄地把它们埋到了泥土中，还煞有介事地为它们浇水。过了几天，孩子看到月季花枯萎了，但是太阳花却开花了，还从泥土中冒出了新芽。孩子很纳闷，因为两种花都是按照同样的方法种的，却是不同的结果。他带着疑问去找爸爸，爸爸一听孩子把花剪掉了，有些生气地说："你怎么能这样做呢？花那么美，你为什么把它们剪掉呢……"孩子呆立在那里，他在想还要不要把自己的新奇想法告诉爸爸。

孩子的大脑通常是灵活的，对外界的新鲜事物往往怀有浓厚的兴趣。有时候，他们会以好奇的心态向父母提问，这些问题是孩子了解这个世界、培养创新能力的重要途径，父母千万不要对孩子的问题置之不理，或是随便应付一下，这样会让孩子失去热情，创新能力也会随之消失。另外，创新并不是我们想象得那么神奇，也没有我们想象得那么困难，我们日常生活中的点点滴滴也能体现出创新，创新就在我们身边。

小贴士

1.保护孩子的好奇心

面对生活中的种种现象，孩子往往会提出各种各样的问题，甚至有些听起来十分荒谬，其实，这都是孩子的好奇心使然，父母要保护孩子的好奇心，鼓励孩子多质疑多提问。当孩子不断地问"为什么"时，父母不要马上把答案告诉他，而是留给孩子一定的思考时间，让孩子说出自己的想法，激发孩子的探索精神，培养孩子的创新意识。

2.激励孩子的创新意识

有父母问孩子，雪融化变成了什么？孩子眨着灵动的大眼睛回答，变成了春天。这个孩子的回答就充满了智慧，虽然，这是不符合常规的，但他的回答却是具有创新意识的。有时候，父母对于孩子的答案，不能以自己的思维方式或唯一的标准答案捆住孩子，要鼓励孩子打破常规思维定式的羁绊，在判断孩子答案的时候，要把是否具备创新意识放在第一位。只有这样不断地激励孩子的创新意识，才会让孩子的头脑中闪现出创造的火花。

3.在日常生活中培养孩子的创新意识

创新思维的特点是灵活、变通，日常生活中，父母需要有意识地培养孩子这方面的创新意识。父母可以和孩子一起做家务，对一些简单的事情，可以问孩子"是否还有更好的方法"，鼓励孩子异想天开，培养孩子勇于探索、敢于创造的创

新精神。当孩子在做一件简单的事情时，父母可以鼓励孩子多想几种方法，举一反三，然后得出最简单的方法，这样可以培养孩子思维的变通性和灵活性。

即便是在和孩子玩游戏的时候，父母也可以有意识地锻炼孩子的创新能力，让孩子敢于打破常规思维，进行创造性的活动。比如，父母与孩子一起玩折纸船游戏，可以提醒孩子"怎么样让纸船在水里行得更远并且不会沉下去"，然后引导孩子变换纸船的折叠方式、更换纸张等多种方法，慢慢探索出可行的方法。时间长了，孩子就会自觉地问"怎么去做会更好"，发现问题、解决问题，就会逐渐具备创新精神。

想象力，点燃孩子心中的火炬

19世纪的时候，荷兰著名化学家范特霍夫曾就"想象"这种才能对许多科学家做了调查研究，发现他们中间杰出的人都具有高度的想象力。对于孩子来说，想象力的培养以及创造力的开发，是孩子成长过程中不可缺少的一个步骤，也是父母不容忽视的家庭教育。想象是科学发现和创造的萌芽，也是孩子走上成才之路的开始。

正在成长中的孩子，喜欢思考，有着强烈的求知欲，他们对于新鲜特别的东西总是有浓厚的兴趣。这时候，父母需要有

意识地培养孩子的想象力，点燃他们心中想象的火炬，让孩子展开想象的翅膀，在未来的成长天地中自由翱翔。

乐乐小的时候，妈妈已经讲过《灰姑娘》的童话故事，可是，因为乐乐太喜欢这个童话故事，这会儿，他又把那本书翻了出来，自己一个人看了起来。妈妈看乐乐在看书，忍不住也凑了上去，两人拿着书看了起来。"最后王子和灰姑娘幸福地生活在一起"，乐乐大声念出结局，妈妈突然想到了问题："乐乐，这个故事看了好几遍，妈妈可不可以问你几个问题啊？""问吧，妈妈，我一定能回答上来。"乐乐信心满满地拍着胸脯，妈妈发问了："如果在午夜12点，灰姑娘没有及时跳上南瓜马车，会有什么情况发生呢？"乐乐有些语塞："这……这……"妈妈看着孩子吞吞吐吐的样子，心想看来孩子确实缺乏想象力。

伟大的科学家爱因斯坦曾说过："想象力比知识更重要，因为知识是有限的，而想象力概括着世界上的一切，推动着进步，并且是知识进化的源泉。"有的父母在给孩子讲完故事后向孩子提问，实际上就是有意识地锻炼孩子的想象力，让孩子展开想象的翅膀。想象是智慧的翅膀，是创造的灵光，因而，想象力在孩子的智力活动中占据着极其重要的位置。

小贴士

1.让孩子多问问题

孩子总是睁着好奇的眼睛，带着求知的欲望，仔细观察着

周围的一切事物，他们会不知疲倦地向父母问一些稀奇古怪的问题。其实，这个年龄段的学生，总是喜欢刨根问底，他们所问的内容比较广泛，有时候甚至让父母哑口无言。有的父母被孩子问得很烦，就没好气地说"就你事多，哪来这么多为什么""小孩子懂什么"，这样孩子的创造力、想象力就在无形中被父母扼杀了。

孩子提出的问题父母要认真面对，进行积极引导，即便是荒谬的问题，父母也要正确引导，让孩子明白问题荒谬的原因。孩子有时候会提出很古怪的问题，父母不要加以责备，而是需要明白这是来源于孩子丰富的想象力。面对一些新鲜事物，父母应该鼓励孩子多提问，让孩子展开想象的翅膀，争当"小问号"。

2.鼓励孩子"异想天开"

我们常说的"异想天开"就是一种想象力，在孩子的心灵里，总是能映现出一个五彩斑斓的世界。当孩子听着童话故事，会展开一系列的想象，甚至会说出一些不着边际的话，这时候，父母不应斥责孩子"胡思乱想""胡编乱造""编瞎话"，而是应该保护这种想象方式。适当的时候，父母应该鼓励孩子"异想天开"，为他们营造想象的氛围，诱发他们的想象力。比如，父母在给孩子讲述了故事之后，要求孩子自己编故事，让孩子大胆地想象，或续编故事的结尾，这样既训练了孩子的语言表达能力，又激发了孩子的想象力。

作为父母，应该耐心认真地对待孩子的"异想天开"，比如有的孩子会说，"将来我想发明一种食物，吃一点，可以一年不用吃饭"。父母也不要大惊小怪，要让孩子觉得这样的想法是很棒的，让他们享受想象带来的乐趣。

3.开启想象的思路

如果孩子整天坐在家里，想象力再丰富也会受思维的限制，这时候父母要帮助孩子开阔想象的思路。父母可以带着孩子走进社会、走进大自然，拓宽视野、开阔想象思路。五彩斑斓的世界，以及千奇百怪的大自然都有利于丰富孩子的思维，激发孩子的想象力。当孩子的知识面越广，他们的想象力就会越丰富。

4.鼓励孩子实现梦想

德国的莱特兄弟，小时候就富有想象力。一次，兄弟俩在树下玩耍时，抬头看见天上的一轮明月挂在树梢上，于是两人迅速爬上树去摘，但却让树枝把衣服钩破了。他们的父亲见此情况，不但没批评他们，反而耐心诱导他们，最后兄弟俩发明了世界上第一架飞机。所以，孩子们的想象并不是不切实际的想象，合理的想象本身就包含着实现的可能性。父母需要帮助孩子提高想象的可能性，只要不是太过奇怪的想象，都可以加以诱导，让孩子把想象变成现实。

第 9 章

成长教育，理解孩子的敏感期

孩子是以爱的名义来到父母生命中的，从呱呱坠地到初长成，父母给孩子设想了无数美好的未来，期盼他茁壮成长、开花结果、如愿以偿。然而，孩子的成长是伴随着磕磕碰碰的，父母应及时给予很好的成长教育，理解孩子的敏感期。

鱼缸效应，请给孩子成长空间

鱼缸法则告诉我们：要想使鱼儿长得更快、更大，就一定要给鱼儿活动的自由，而不要让它们拘泥于一个小小的鱼缸。当孩子在小学阶段，往往需要依赖父母，以父母为榜样。一旦孩子进入成长阶段之后，最突出的特点是，生理迅速发展，产生"我是成年人"的感觉。在心理上，由于自我意识的快速发展，孩子进入了"心理断乳期"，希望摆脱对父母的依赖，渴望独立，要求父母将自己看作"成年人"，自己的意志和人格得到尊重。这一阶段的孩子讨厌父母过分的关心、监护、说教，容易产生逆反心理。

一位家长曾经这样诉苦：女儿今年7岁了，上小学一年级，在幼儿园时是非常听话的孩子，上小学后完全变了，无论做何事都要自己拿主意，让她好好学习，她偏看言情小说或打电子游戏机。有时我们说多了，她就发脾气，甚至想离家出走，还口口声声说："我长大了，我的事，我自己处理。"我感到困惑，孩子为什么变得与以前不一样了，这正常吗？

孩子步入"心理断乳期"，开始对家庭、学校甚至对社会产生了巨大的叛逆心理。儿童时期的孩子从表面上看，尽管已经是

一个"小大人"，但是他的心理和生理并未真正地达到成熟的状态。因此，处于这个阶段的孩子情感起伏十分大、不容易教育。即便他有了喜怒哀乐，不仅不愿意向父母吐露，还会抱怨父母不理解自己。假如父母处事不妥当，比如对孩子的表现打破砂锅问到底，妄加指责或是漠不关心都会增加孩子的反抗情绪。

孩子渴望被成人的世界认同，渴望通过叛逆的行为来向世界表示自己已经长大了。不过，叛逆也正暴露了他的幼稚和不成熟，就好像是一个标签在告诉别人，他在长大中、在躁动中寻找一种叫独立的东西。这时父母要耐心等孩子长大，给予他理解，小心呵护他。

小贴士

1.迎接孩子进入"心理断乳期"

"心理断乳期"的真正意义是摆脱对父母的孩子式依恋，走上精神的成熟与独立。所以，父母应把爱孩子的重点放在帮助他们完成从孩子到成人的转变上。父母对孩子"心理断乳期"的倾向应持欢迎态度，这意味着孩子的第二次诞生。

2.鼓励孩子自主独立

父母要把孩子的某种离心倾向理解为他的精神正朝着独立自主的方向成长。在"心理断乳期"，孩子对同龄朋友的兴趣越来越浓，而对父母的依赖则不断减少。或许父母会觉得孩子变心了，实际上交朋友是孩子在精神上独立于父母过程中的一

种补偿。假如孩子有适当的朋友，就不至于由于"心理断乳"而过度失落。

3.引导孩子走出叛逆的消极面

父母应根据孩子的心理特点，从行为和心理上进行引导，教育的方式要多样化。采用平等对话的方式，让孩子把心里话说出来，然后父母把自己的观点、经历讲给他听，让孩子自己进行比较，父母不应采取简单粗暴的方式，要因势利导。

4.信任孩子

父母首先要尊重孩子的人格，在孩子觉得自己已经长大，有能力处理自己的事情时可以充分利用孩子的这个想法，把家里的一些事情和孩子一起商量处理，听取、征求孩子的意见，对孩子生活、学习中出现的问题，尽量让他自己去解决。不过，父母也可以提出自己的意见，告诫孩子。当孩子遇到困难和失败时，应多鼓励和安慰，及时给予赞扬。父母犯了错误，也要勇敢承认，尽可能改正。

5.尽量避免与孩子发生冲突

当孩子发脾气时，父母应保持冷静，争论激烈时，父母应转移话题或采取冷处理方式，避免孩子萌发对立情绪，使逆反心理更强烈。事后在合适的时候，父母可以心平气和地指出孩子的错误和不当之处，使孩子积极克服幼稚、冲动的坏习惯。

6.鼓励孩子参加集体活动

广泛结交朋友，在集体活动中，丰富、充实自己的精神生

活，发展自我意识，正确、客观地评价自己，以培养孩子活泼开朗的性格、真诚待人的品德，使孩子顺利度过心理发展的这一重要时期。

7.尊重孩子的权利

父母要转变观念，尊重孩子的权利，承认他是一个独立成员，平等相待，对孩子的评价要做到恰如其分，不要将孩子与其他孩子相比。在与孩子相处时，要与孩子建立起朋友式的友谊关系，尊重他的自主权与隐私权，尊重、理解、爱护他，多指导少指责，多帮助少干涉。

代沟现象，理解孩子的心理需要

化解亲子之间的代沟，就需要父母站在孩子的角度，理解孩子。常常听到孩子这样抱怨："父母根本不理解我们的需要，他们想说的就说个没完，而我想说的他们却心不在焉。"孩子有着这样的烦恼是普遍存在的，其实，孩子内心有着许多想法，他们也有欢乐、有苦恼、有意见，如果父母没能主动走进孩子的内心世界，孩子有了意见没有得到及时的交流，那么父母与孩子之间的代沟就会越来越大。

一天，女儿放学回家后若无其事地告诉妈妈："今天上午上数学课的时候，我居然睡着了。"上课的时候居然睡觉？妈

妈听到这话就生气了，开始责备：“上课时睡觉，你说我辛辛苦苦挣钱供你读书，你为什么要这样做？”女儿有些委屈：“我觉得困就小眯了一会儿，醒来看见老师正在讲课，我都不知道自己睡了多久，也没人叫我。”“睡觉，睡觉，我让你睡觉！”妈妈开始拿鸡毛掸打女儿，只听见女儿的哭声。

过了一周学校开家长会，老师向妈妈反映：“孩子很喜欢上课时睡觉，当着全班同学的面批评了好几次，她还是这样，一点也不改进，希望你们可以敦促一下。”妈妈回到家，对女儿又是一顿打骂，女儿挂满泪水的脸上有一丝幸灾乐祸的笑容。

心理学家认为，父母与孩子之间的沟通，孩子是掌握着主动权的，因而有的父母就会说“他心里有什么想法，得开口跟我说，否则我怎么能走进他的内心世界呢”。其实，孩子心中都有一定的惧怕心理和羞涩心理，自己即便是有一些想法，也不会主动告诉父母，而是需要父母诱导孩子说出来，或者父母通过自己的方式来了解孩子，走进孩子的心灵世界。教育专家认为，要想走进孩子的心灵世界，就要和孩子交朋友。

父母埋怨“孩子不理解自己的一片苦心”，孩子也抱怨“父母根本不了解自己”。孩子在这一阶段已经逐渐有了自己的内心小世界，由于惧怕、害羞等多种原因，他们会封闭自己的内心世界，不会轻易向父母吐露自己的内心想法。这时候，就需要父母主动走入孩子的内心世界，倾听孩子的所思所想，读懂孩子的烦恼与快乐，真正成为孩子的知心朋友。

小贴士

1.主动与孩子的老师沟通

有的父母没有主动与孩子老师沟通的习惯，他们认为孩子在学校就应该是学校的责任，如果孩子有什么事情，老师会主动联系自己。其实，每个班级有那么多学生，老师根本不会顾及每一位学生，这就需要父母主动与老师交流。这样，父母能及时地了解孩子的学习表现和思想素质，还能够积极主动配合老师对孩子存在的问题及时改正。同时便于父母与孩子进行顺畅沟通，成功走进孩子的心灵世界。

2.冷静处理孩子的过错

明明知道孩子做错了，父母也应该保持冷静的心态，冷静地处理孩子的犯错行为。这时候，如果父母的情绪失控就意味着中断了自己与孩子的谈话，在孩子内心是不希望看到父母失望，一旦父母表现出过分的失望和担忧，就会造成孩子隐瞒真实想法的严重后果。所以，当孩子犯了错误，父母要为孩子设身处地着想，为孩子分忧，不要对孩子的所作所为大肆发表意见或大声指责，这样孩子就会对父母坦露自己内心的想法和秘密。

3.了解孩子的内心世界

有的时候，孩子并不愿意向父母坦露自己的想法和意见，甚至也不愿意与自己的好朋友交流，他们喜欢写成作文和日记。这时

候,父母可以从孩子的作文和日记中了解他的内心世界,当然,看孩子的作文和日记,一定要征求他的同意,毕竟日记是孩子的隐私,暴露出来是需要勇气的,这需要父母理解。

4.与孩子成为朋友

父母要想主动走进孩子的内心世界,就要与孩子进行密切接触,消除距离感,成为"零距离"的知心朋友,这样孩子才会把自己的一些想法、做法告诉父母。这时候,孩子把父母不当作高高在上的父母,而是当作可以交心的好朋友,孩子对好朋友不会保留自己的秘密。

5.重视孩子的内心需要与感受

父母需要重视孩子的内心需要与感受,体会孩子的心声、苦恼,鼓励孩子表明自己的想法和感受。有时候,父母可能会不赞同孩子的一些行为,但是孩子内心的感受也是可以理解的。父母要明白,孩子对事物的感受或心理活动往往比他的思想更能引发他的行为。所以,父母应该重视孩子的感受,并对他的感受认真加以理解和评价,这样会促使孩子在父母面前展露一个真实的内心世界。

6.给孩子战胜困难的勇气

当孩子面对没有做过的事情,或没有把握的事情,或面对困境和挑战的时候,最希望得到父母真心的鼓励。父母要告诉孩子"你能行""不要怕""再加把油""你是个勇敢的孩子""要有点冒险精神呀,宝贝",可以鼓励孩子勇敢面对,

大胆进取，不断努力和尝试。

7.认可孩子的观点和行为

孩子往往希望可以从大人那里得到认可，但我们似乎总是让他们失望。告诉孩子"你的看法有道理""你一定有好主意""你的想法呢"，而不是轻易否定他们的看法和想法，不要驳斥他们的意见，学着鼓励孩子表达出自己的心声让他们按照自己的想法去做做看、去试探一番，宁愿他们从中得到教训，也不要轻易否定他们。没有试过，你怎么知道自己一定就比孩子高明呢？

8.珍视孩子的进步

随时都要看到孩子的进步，并及时给予赏识，会让孩子重新树立做好事情的勇气和信心，否则会让孩子失去前进的动力。对于孩子任何的一点进步，都应该及时给予鼓励和称赞，欣慰地对孩子说"你长大了"或"不要急，慢慢来，你已经有了进步""你一点也不比别人笨，妈妈每次都能看到你的努力和进步"。这些足以让孩子看到父母对他的重视，产生"一定会做得更好"的勇气和信心。

飞镖效应，正确对待孩子的逆反心理

许多父母经常抱怨孩子越来越不听话，整天不想回家，不愿意与父母说心里话，做事比较任性。而孩子却说，父母一天

到晚唠唠叨叨，规定这不许，那不准，真是讨厌。显然，父母与孩子是在对着干。

飞镖效应给人们的启示是：在与人沟通和合作中，要特别注意讲究方式方法，避免适得其反、事倍功半。特别是针对孩子，他们的自我意识逐渐增强，要求独立的愿望日趋增强，父母适宜化堵为疏，避开其逆反心理；同时他们的思维能力也在不断提高，通过进行平等的、良好的沟通，多数可以收到很好的教育效果。

女儿7岁了，最近总是喜欢和我顶嘴，明明无理还要争辩。平时让她干什么事情，总喜欢等我发了脾气才会行动。而且，挂在她嘴边的一句话就是："要你管我！"

女儿平时不愿意跟父母交流沟通，处处与父母对立，不是频繁地发脾气、与父母争吵，就是乱扔衣服、不写作业，有时还会逃学、夜不归宿。父母没说两句话，女儿就摔门而去，或者说："得了，得了，我什么都懂，一天到晚数落什么，我不需要你们管！"在学校与同学的关系也不和睦，说话总是尖酸刻薄。老师教育她，嘴皮都说破了，她依然不动声色。父母为此都愁死了，不知道该怎么办。

心理学研究认为，进入逆反期的孩子独立活动的愿望越来越强烈，他们觉得自己已经不是小孩子了。他们的心理会呈现矛盾的地方：一方面想摆脱父母，自作主张；另一方面又必须依赖家庭。这个时期的孩子，由于缺乏生活经验，不恰当地理

解自尊，强烈要求别人把他们看作成人。

假如这时父母还把他们当成小孩子来看待，对其进行无微不至的关怀、唠叨、啰唆，那孩子就会感到厌烦，感觉自尊心受到了伤害，从而萌发出对立的情绪。假如父母在同伴和异性面前管教他们，其逆反心理会更强烈，这时父母要巧妙运用"飞镖效应"。

小贴士

1.正确"爱"孩子

父母应该意识到，对孩子过分的溺爱，实际上是害了他。父母应对孩子既要爱护又要严格要求，对孩子不合理的要求，不能无原则地迁就。假如孩子的企图第一次得逞了，之后就会习惯由着性子来，到时候父母想管教亦是无能为力。当孩子生气时，父母应避免大声斥责。这时可以让孩子做一些能吸引他注意力的事情，稳定其情绪，转移其注意力。等到孩子情绪稳定之后，再耐心地教育他。

2.站在孩子的立场处理问题

父母不能因为孩子是自己的，想打就打，想骂就骂，这表面上看是正常的，其实这样的教育方式恰恰错了，只会适得其反。父母可以换个角度思考，站在孩子的立场，教育孩子，处理突发事件。父母应以情感人，以理服人，毕竟孩子一时半会儿想不通，需要留给他们一些思考的时间。

3.冷静面对孩子的逆反心理

通常孩子不太懂得控制自己，当他对父母的管教不服气时，可能情绪会比较激动，冲父母发脾气或有过激的言语和行为，这时父母千万不要跟着孩子一起着急，要想办法控制孩子的情绪，可以先把事情暂时放一放。即便孩子顶嘴，父母再生气也要保持冷静，控制住自己的情绪，不能一看到孩子顶嘴就火冒三丈，甚至对孩子拳脚相加。这样做不仅无助于问题的解决，反而会使双方的情绪更加对立，孩子不服气，父母更生气，只会激化矛盾。

4.与孩子聊天

当孩子有了逆反的苗头时，要与孩子进行一次亲切的聊天，明确告诉他逆反是一种消极的情绪状态，父母、老师、同学都不喜欢，会影响自己的人际交往。长此以往，孩子会变得蛮横无理，胡作非为，不利于身心的发展。父母可以告诉孩子，对孩子的逆反，做父母的有多担心和忧虑，让他感受到他的逆反给身边的人造成的感情负担。

5.父母的教育方式要保持一致

面对孩子的教育问题，父母要保持一致。不能父亲这样说，母亲又那样说；父亲在严厉地教育孩子，母亲却在一旁护短。对于孩子的教育问题，父母可以先商量一下策略，口径一致后，再与孩子进行交流。

6.批评孩子要有技巧

不讲方法、不分场合地批评孩子，孩子犯了一个错误就把

他过去的种种错误全都翻出来，随意贬低和挖苦，教育孩子时连同他的人格一起批判，是很多父母的通病，也容易引起孩子的逆反。要想减少孩子的对立情绪，父母不能滥用批判，批评孩子前先要弄清事情的原委，分清场合，更不要贬低孩子的人格，批评孩子时要考虑孩子的情绪。而且，好孩子都是夸出来的，对孩子要多些表扬少些责怪，经常想想孩子的长处，关注孩子的点滴进步，寻找孩子身上的闪光点。这样一来，孩子平时受到的表扬和鼓励多了，犯错误时也容易接受父母的批评。

7.尊重孩子独立的要求

有的父母出于对孩子的关心，一心一意想让孩子在自己的庇护下长大成人，但当孩子开始有强烈的独立自主要求时，父母的这种做法只会让孩子感到逆反，容易与父母产生冲突。对于孩子的合理意见，父母要尊重，不要对孩子发号施令，以免让孩子产生抵触心理，对孩子尽可能地用商量的口吻，以此改善孩子与父母的关系，减少孩子的逆反心理。

8.倾听孩子的想法

父母要善于营造聆听气氛，让家里时时刻刻都有一种"聆听的气氛"。这样孩子一旦遇到重要事情，就会来找父母商量。父母需要抽出时间陪伴孩子，比如利用共聚晚餐的机会，留心听孩子说话，让孩子觉得自己备受重视。父母需要做的是顾问、朋友，而不是长者，只是细心倾听、协助抉择，而不插手干预，仅仅是提出建议。

PAC心理，及时调整对孩子的期望值

加拿大心理学家柏恩提出了PAC理论，又称为相互作用理论。他取父母、成人、儿童三个英语单词的第一个字母P、A、C，认为在家庭教育中，家长应根据场合需要，适时进行PAC的心态转换。

现代社会竞争压力越来越大，父母对孩子的期望值也越来越高，父母迫切地希望孩子成才，导致孩子的学习负担越来越重，同时孩子的逆反心理也越来越强。心理学家建议，成功需要一步步的努力，过高的期望值很容易让孩子迷失方向、看不到出路。

"望子成龙，望女成凤"由来已久，父母对孩子的期望值过高，是我国目前许多独生子女父母普遍存在的现象。通常孩子到了三四岁，父母就开始琢磨应该让孩子学点什么，假如孩子本身愿意学，那也就无可非议，但我们看到更多的是父母威逼利诱让孩子去学这个学那个，结果弄得自己苦不堪言，孩子也失去了一个快乐的童年。

8岁的小文是家里的独生女，爸爸妈妈都对她寄予了很高的期望，要求女儿在各个方面都能表现出色。为了让小文有一技之长，爸爸妈妈一口气给她报了钢琴、小提琴、绘画等多个课外班。小文因此变得很忙，本来可以放松一下的周末竟然比平时学习还累。

一段时间之后，小文的学习成绩有所提高，在学校开展的活动中也有出色的表现。在爸爸妈妈眼里，小文越来越优秀了，他们更加坚定地给小文灌输"事事争第一"的思想，不过小文却慢慢表现出了一种病态的敏感。即便是爸妈、老师的一个眼神，她都猜想是不是自己哪方面没有做好，身边的同学受到老师的表扬让她感觉到不小的压力。小文陷入了紧张和郁闷之中，偶尔表现出有些"神经质"。

很多父母对孩子抱有太大的希望，经常不自觉地给孩子施加压力，强迫孩子在小小年纪就去学这学那。结果，许多孩子对学习产生了厌恶情绪，有的还严重影响身心健康。"望子成龙"是许多父母的美好愿望，这是无可厚非的，不过父母必须明白不是每个人都成得了"龙"，不要过分苛求自己的孩子，也不要让孩子过早背上沉重的思想包袱。

父母的期望值过高对孩子而言并非一件好事，有时候甚至会出现可怕的后果。有的孩子本来有自己的优势，假如父母的期望值过高偏离了孩子本来的情况，就会让孩子产生不自信、没动力，甚至厌烦、叛逆等心理，这不仅不利于孩子的进步，反而容易让孩子的心理出现问题。

小贴士

1.理解成功的教育的内涵

父母怎么样才算对孩子尽到了责任，怎么样才算教育孩子成

功？或许父母都喜欢用"出人头地""成名成家"来衡量。实际上，教育的最高境界不是培养多少不可一世的大人物，而是培养出多少和谐幸福的人。对父母而言，教育孩子不一定要把他培养成教授或博士才算成功，关键是要让孩子成为一个幸福的人。

2.尊重孩子的兴趣爱好

父母应该设身处地考虑孩子的实际情况，照顾孩子的兴趣爱好和实际能力，尊重孩子的意愿而不是盲目地要求孩子按照父母预先设计的轨道成长，千万不要对孩子提出过高的期望，需要注意给孩子减轻过重的精神压力。不要将孩子人生的最大砝码仅仅押在学习成绩的拔尖上，毕竟，培养孩子有健康的心理、美好的品格和良好的动手能力，远比考试成绩更重要。

3.降低期望值

要想让孩子快乐地成人成才，父母首先要有平和的心态，降低期望值，给孩子减压，根据实际情况和孩子一起制订合适的奋斗目标。父母平时要注意不只看孩子的考试分数，更要帮助孩子发现长处和分析不足，做到扬长避短。对已经出现的问题，要给孩子指出以后努力的方向，以孩子乐于接受的方式教育孩子，促使孩子养成良好的习惯。

第 10 章

性教育，正视孩子身心发展

　　良好的性教育，可以帮助孩子形成正确的性别观念，发展健康人格，从而对他们的行为、人际关系和对性的反应产生良好的效果。而且，从幼儿阶段进行性教育，有利于孩子形成自我保护意识，远离性侵害。

父母须知，儿童性教育的重要性

中国父母在对待孩子的性教育上有几个明显的误区：许多父母由于自己在成长过程中没有接受过性教育，因此按照自己的成长经验，认为孩子不需要性教育；父母对性的问题持回避以及排斥态度，他们担心说多了会诱导孩子，说少了又怕说不清楚；认为性教育是青春期教育；有的父母平时穿衣服不太注意，经常在家里穿着暴露，使孩子耳濡目染，没有性别意识。

北京的一所大学对4个年级的学生进行了一次随机抽样调查，从影视作品、互联网、书报、杂志上获取性知识的占81%，而从父母那里获取性知识的只占0.3%，少得实在可怜，约30%的母亲在女儿来月经之前没有告诉过孩子月经是怎么回事和如何处理。很多父母没有性教育的经验，甚至自己就是性知识的"文盲"，当孩子问及性知识方面的问题时，扭扭捏捏，总是说些模棱两可、似是而非的话，即便有性知识的家长，也不敢和孩子开展关于性知识的对话。

孩子从三四岁到上小学的这段时间，求知欲特别强，对身边的什么事情都想打破砂锅问到底。现在电视上大多有拥抱、接吻和床上戏的镜头，对于好问的孩子而言，可能会提出许多

让父母难以回答的问题，比如"孩子是从哪里来的""避孕套是做什么的"等。

刘妈妈抱着儿子到朋友家里玩，儿子撒尿时，朋友急忙从床底下拿出了女儿小琳的小塑料便盆，任凭男孩的"小鸡"描绘出细细的弧线。一会儿，小琳搂着妈妈的脖子，咬着耳朵悄悄地问："小弟弟有'小鸡'，我怎么没有？"朋友吃了一惊，然后微微地会心一笑，说："因为你是女孩呀！""妈妈，女孩为什么没有'小鸡'呢？"小琳接着问，妈妈脸上似有愠色，说："因为男孩和女孩不一样啊！"小琳没有得到确切的回答，睁着两只水汪汪的眼睛，幼稚的脸蛋上写满了期盼，问："男孩和女孩为什么不一样？"妈妈有些生气地说："你哪来这么多为什么啊！"

据新闻报道，英国多塞特郡普尔市一名13岁男孩和一名14岁女孩偷吃禁果后，导致这名女孩怀上身孕，生下了腹中的胎儿，男孩因此13岁就当上了爸爸，一举成为英国最年轻的父亲。诸如此类的事例并不仅存在英国，世界各地层出不穷的关于少年爸爸少女妈妈的新闻，震惊了世界。

心理学家认为，性教育绝不是可有可无的，它的影响将伴随孩子的一生，就像弗洛伊德所说，你今天的状况和幼年有关。父母应该意识到儿童性教育的重要性，必须摒弃过去谈"性"色变的态度，改排斥为循循善诱，即便尴尬，也不容回避这个严重的问题。

小贴士

对于孩子的性教育，必须重视以下三个阶段。

1.幼儿期

幼儿期指的是3~6岁的孩子，实际上性教育最早从2岁开始。这一阶段，孩子喜欢玩一些"性游戏"，比如，接吻、结婚、生孩子、抚摸生殖器官。假如父母看到这样的情况，不要觉得紧张，孩子玩这些游戏只是在对生活中看到的事情进行模仿而已，也不要粗暴地打断他们。假如孩子发现抚摸别的部位，父母不会在意，唯独抚摸这个部位，父母态度马上紧张起来，孩子就会故意、经常抚摸那个部位，以引起父母的注意。

这时父母可以想办法分散孩子的注意力，比如玩捉迷藏游戏，而不是故意去打断他们。对能听懂话的孩子，可以告诉他们身体的某些部位是不能让别人看或触摸的，如胸部、生殖器官，同时也不能看或触摸别人的这些部位。父母要有耐心地向孩子灌输自我保护的观念，嘱咐孩子假如有人触摸了这些部位一定要告诉爸爸妈妈。

假如是3岁以上的孩子，可以跟父母分床睡。年龄再大些，条件允许的话，尽可能分房睡，以免父母进行性生活时对孩子造成负面影响。即便不能分房，也应该挂个帘子。

2.儿童期

6~9岁的孩子正处于性欲的潜伏期，容易受他人或传媒影响，接触到一些有关性的不正确的信息，这时他们需要父母帮

助了解性别角色。父母最佳的教育方式就是当电视里刚好出现亲热镜头时，对孩子借机进行性教育。这时父母要成为孩子成长过程中最佳的性教育指导者，一旦孩子对性有了疑问，孩子第一个想到的就是请教父母，而不是问其他人。

这一阶段父母要改变传统思想，认真解答孩子提出的关于性的问题，赢得孩子的信任。一旦发现孩子接触黄色视频时，不要辱骂孩子，而是引导孩子阅读正确的性教育读物。

3.青春期

孩子处于青春期时，尽管学校会开一些专门的课程，不过父母并不能就此停止对孩子的性教育，反而需要更加放在心上，协助孩子度过青春期。进入青春期的年龄，女孩在10岁左右，男孩12岁左右。

通常父母会对女孩子比较注意，而忽视对男孩子的关注，主要是因为女孩子有青春期来临的明显标志，比如月经来潮，而男孩子就不会那么明显了。不过男孩子也会出现遗精、变声、长喉结，等等。父母需要注意的是，青春期的男孩子会开始有自慰的现象。

这一阶段，父母可以引导孩子通过别的方式，比如运动来释放能量，减少自慰的次数，不要给青春期的孩子穿太紧的衣服，比如牛仔裤，建议穿宽松的裤子。父母可以多给孩子拥抱，做出拍肩膀等动作，给孩子一些亲密的触碰，有助于减轻孩子因青春期身心变化而带来的焦虑。

孩子的性教育，父亲不能缺席

在孩子的成长过程中，母亲对3岁前的孩子最重要，而父亲在孩子3岁后开始发挥作用。3~5岁是成长中的"恋母情结"和"恋父情结"阶段。在这个阶段，异性父母需要操很多的心，比如爸爸给予女儿足够的亲近来满足"性依恋"的心灵需要，鼓励孩子与父母相处，营造和谐的家庭氛围。

假如在孩子的成长过程中，父亲经常缺席，那孩子在3~5岁时性依恋的满足是不够的，不过这并非可以作为判断孩子将来的性心理发生问题的依据。同时，父母用成年人带着性意识的眼光去看待孩子的异性交往，也是不恰当的。

小樱已经8岁了，正在上三年级，由于妈妈和爸爸一直都是两地分居，从出生到5岁之前，小樱每个星期才可以和爸爸相处一天。5岁之后由于爸爸工作的原因，父女俩很少见面。

小樱的班主任向妈妈反映，孩子在学校里很喜欢男老师，有时候会玩得很疯，偶尔还会和那些男老师抱在一起，也非常喜欢和男同学一起玩。对于女同学，她则有些冷淡，不太喜欢与女同学一起玩。妈妈觉得这是小樱从小缺乏父爱造成的后果，现在该如何引导小樱在这方面的举动呢？

通常父母对女孩的异性交往会操心一些，案例中小樱与异性的交往行为有些异常，这确实令父母担忧。从性心理的发展阶段来看，3~5岁的孩子在与异性的交往中都能明确自己的性

别；6~12岁是性潜伏期，这一阶段前半期的特点是喜欢与异性交往和接触，后半期的特点表现为排斥异性，只跟同性玩。案例中的小樱处于喜欢与异性交往的阶段，这只是显示出孩子热情活泼的性格，与父母眼里带性意识的亲热并不是一回事。

小贴士

在父亲缺席的情况下，怎样让孩子的性心理健康发展呢？心理学家给予了这样一些建议。

1.加强父亲在孩子心里的位置

假如父亲工作确实比较忙，缺席了孩子的成长，那父亲的形象是不能缺的。母亲需要加强父亲在孩子心里的位置，比如在家里醒目的位置挂着父亲以及一家人的亲密照片，多与孩子说父亲的故事、父亲的优秀、父亲对他的思念和爱，等等。

2.让孩子与父亲定期联系

假如父亲远在外地，母亲需要想办法让孩子与父亲定期联系。即便孩子还不会说话，也要引导孩子与父亲定期联系，比如打电话时引导孩子："跟爸爸说再见""给爸爸一个飞吻"，让孩子明白还有爸爸在经常关心自己。

3.让孩子多接触家里其他的年长男性

假如父亲不经常回家，母亲可以让家里另外一个年长男性与孩子接触，如舅舅、爷爷等，以此让男性的典范不因父亲的缺席而缺少。

4.不要强化孩子的行为

母亲不要强调孩子的行为是不正确或有问题，给予孩子这样的判断，其实就是强化了孩子抱老师的性意识，孩子就可能朝着母亲担心的方向发展。母亲对这个问题可以做适当引导，对孩子说："听说你今天与老师玩得很开心，你们都玩了些什么啊？这个老师是不是特别和蔼，你喜欢和他玩吗？"当孩子告诉你答案之后，母亲可以赞赏孩子的活泼开朗，所有人都喜欢和他一起玩。

如何引导孩子度过异性眷恋期

歌德说："青年男子哪个不善钟情？妙龄少女谁个不善怀春？"孩子爱慕异性，这是极为正常的心理现象，每一个心理发育正常的青少年都会有感情的自然流露。进入青春期以后，男孩女孩彼此向往、互相爱慕，是青少年心理发展的一个重要表现，这也是他们恋爱成功与婚姻美满的性心理基础。作为父母，要了解孩子在青春期的早恋，就应该先了解孩子心理和情感在青春期早期的发展规律。

张妈妈是小学六年级的班主任，最近，班里一次偶然的男女生调换位置，却引来了许多同学的哄笑，有些胆子比较大的同学竟然开玩笑说："这样就真的绝配了。"而那位被调换位

置的女生似乎意识到了什么，脸红了，头垂得很低。这件小事引起了她对这些孩子的关注，有了空闲时间，她就深入孩子当中，了解他们的学习生活和思想状况。

果然，张妈妈发现了班里有传递字条写情书的现象，一名写作能力较好的女孩子用她细腻的文笔抒发了她对一名男生的爱意。而那些性格比较外向的男生一下课便跑到自己有好感的女孩子的班上，希望能够引起女生的注意。在课间的走廊上、教室里，经常看到男生女生，你追我打，嘻嘻哈哈。每当男生在操场打篮球的时候，旁边总是三三两两围着一些女生。这可是小学六年级呢！张妈妈感叹，想到就在本校读初一的女儿，她就忧心忡忡。

在异性相吸的阶段，父母应该鼓励孩子多参加群体活动。如果孩子在这一阶段没有获得更多的机会参加群体活动，在群体交往中寻找自己喜欢的异性类型，那么，孩子有可能就会直接进入下一个发展阶段——异性眷恋期。

🤓 小贴士

青春期的异性情感发展需要经历三个心理阶段，称为"青春三部曲"。

1.异性排斥阶段

异性排斥阶段在孩子9~10岁，持续时间大约为两年，在这一阶段，孩子的身体开始出现一些青春期早期的生理变化，比

如，女孩子的乳房开始发育，男孩子开始长阴毛。在孩子的潜意识里不愿意让别人发现自己身体的变化，因而产生了对异性的排斥心理。具体表现为，原来是两小无猜、互相打闹的好朋友，忽然变得生疏起来，互相回避，彼此不说话、不往来，男女之间"泾渭分明"。

2.异性吸引阶段

异性吸引阶段在孩子12~13岁，将持续两三年的时间。孩子开始对异性产生好奇与好感，渴望参加有异性的集体活动。他们希望能结识有共同话题的异性朋友，这是孩子学习与异性交往的重要时期，他们往往能在活动中发现自己喜爱的异性类型。

3.异性眷恋阶段

异性眷恋阶段又称为原始恋爱期，是青春期发展阶段的第三个时期。大多发生在孩子15~16岁，在这一阶段，孩子们心理蕴藏着内心的强烈眷恋，但又不敢公开表露，他们只是用精神与心理的交往方式来显示自己情感的纯洁性。同时，这也是孩子的性心理发展阶段，他们的内心虽然多了冷静与理智的成分，但是，却没有办法克制自己的行为。

每一个青春期的孩子都要经历这样一个过程：排斥异性——在群体中找到自己喜爱的异性类型——期望与自己喜欢的某个异性深入交流。如果父母仔细观察孩子，就会发现孩子在每一个时期的不同表现。对待孩子的性心理发展历程，父母不应粗暴地界定为早恋，而是学会理解孩子这种对异性眷恋的

心理需求。具体来说，家长可以这样做：

1.鼓励孩子多参加群体活动

在现实生活中，父母总是担心孩子与异性接触，尽可能地阻止孩子参加有异性的群体活动，殊不知，这样的禁令反而促使孩子提早进入早恋阶段。所以，父母要鼓励孩子参加对身心健康有益的活动，以转移其注意力，发泄其充沛的精力。鼓励孩子根据个人兴趣，发展个人爱好，这样的话，早恋现象会适当减弱或转移。

2.引导孩子正确与异性相处

这一时期的孩子对异性有强烈的好奇心，他们渴望接近异性又害怕受到来自异性的伤害。作为父母，应该理解孩子的这一心理需求，鼓励孩子正常地与异性朋友交往，引导孩子在交往过程中，尊重对方的人格，真诚交往，互相学习。在与异性单独接触的时候，让孩子注意分寸，嘱咐女孩子尽量不要晚上单独与男孩子约会；如果对方提出一些无理的要求，要敢于说"不"。

如何对待孩子的早恋趋向

教育专家称，那些缺少家庭温暖的孩子容易早恋。比如，在一个家庭里，父母感情破裂、经常吵架，对孩子关心不够。或者父母已经离婚，孩子没能得到完整的爱，他生活在一个冷

漠、压抑的环境中，心里渴望温暖，而来自异性的爱恰好能弥补这一点。

那么，在生活中，哪些孩子容易早恋呢？在学校里，那些性格外向、相貌出众的孩子比那些性格内向、相貌平平的孩子更容易发生早恋。心理学家认为，那些性格外向的孩子大多敢于触犯校规，一旦有了合适的对象，他们就会大胆追求，某些女生更是以被男生爱慕为荣。

一位糊涂的妈妈坦言："我真没想到自己的儿子也早恋了，看来，平日里我们做父母的对孩子关心不够，观察不到位。儿子刚上初中那会，还跟以前一样，放学早早地回来，自己写作业，我们也不用操心。后来，过了半学期，以前从来不要东西的儿子突然开口让我给他买最新款的衣服，说老实话，听到儿子开口要东西，我这个当妈的还真高兴。平时工作太忙了，他的衣服差不多都是一个季节一个季节买的，我也没怎么关注现在流行什么，看来儿子也开始爱美了，当时，我还开玩笑跟儿子说'打扮得酷一点，这样，就能迷倒不少女生了'，没承想，真是被我说中了。"

案例中的妈妈确实有些粗心大意，对孩子关注不够，连孩子早恋了都不知道。其实，早恋已经是一个老生常谈的话题，但是，学校里的早恋现象还是屡禁不止，反而呈现出越来越多的趋势。虽然，早恋现象日益普遍，但也并不是每一个青春期的孩子都会陷入早恋。而且，如果父母能够仔细观察孩子，就

一定会从孩子的行为、言行中察看出端倪，因为，孩子早恋是有迹可循的。

孩子进入青春期以后，父母需要密切关注孩子的一举一动，当然，这并不意味着父母要全权干涉孩子的社交自由，或监视孩子的行为。而是关注孩子心理、情绪的变化，一旦发现孩子有早恋现象，需要及时劝阻引导，以免孩子陷入感情的泥沼。

此外，那些学习成绩差的孩子比学习成绩好的孩子更容易早恋，这些孩子平时受到的关心比较少，他们没有办法把精力放在学习上，在学习中无法获得乐趣。于是，他们便把那些无处打发的时间和精力转向所谓的"爱情"，以弥补感情上的空虚。

小贴士

1.孩子早恋有哪些信号

孩子早恋是有迹可循的，这需要父母仔细观察。比如，孩子常常背着家人偷偷写信、写日记，若是不小心被看见了，急忙掩饰；家里经常有异性打电话来，经常收到发信人地址"不详"的信；孩子突然对那些描写爱情的文艺作品、电影感兴趣；孩子情绪起伏大，时而兴奋，时而忧郁，时而烦躁不安；孩子突然喜欢打扮，注意修饰自己；活泼好动的孩子突然变得沉默，不愿意和父母多说话；经常找借口外出，有时还撒谎；突然喜欢谈论男女之间的事情；回家后喜欢一个人待在房间里，经常无故走神发呆。

2.父母不应"对号入座"

如果你的孩子真的有上面所说的状况，父母也不应该"对号入座"，而是要关注孩子的变化，弄清楚孩子到底有没有早恋。有时候，可能孩子遇到了烦心事，他并没有早恋。即使发现孩子真的早恋了，父母也不要轻举妄动，而是温和地问"听说，你最近和某某走得很近，是吗"，以朋友的身份与孩子聊天，以便劝阻孩子走出早恋的泥沼。

如何对男孩进行性教育

对孩子进行早期性教育关系到男孩身心是否健康成长，也关系到家庭和社会的安定。给孩子灌输隐私的概念，隐私的概念应该是从开始进行性教育时就告诉孩子，父母要告诉孩子，生殖器是人的隐私部位，在没有得到允许的情况下，其他人无权看或触摸这个部位。同时，父母需要通过非语言行为向孩子传递正面的信息，比如夫妻之间互相尊重、助人为乐等做事原则，这是对孩子最好的教育。

大多数父母对于如何对孩子开展性教育充满困惑，觉得回答孩子关于性方面的问题很尴尬，不知道如何解答。有心理学家表示，不能刻意回避孩子关于性的问题，建议父母在自然的状态下引导孩子学习性知识。同时，在幼儿园阶段就应该开始

对小孩的性教育，要想改变目前性教育的窘境，最关键的是改变老师和父母的观念。

卢妈妈近期为4岁儿子"我从哪里来"的问题所烦恼。妈妈之前跟他说，妈妈肚子里有粒种子，长大了就成了你。但他后来有一天跟妈妈说："妈妈，我的肚子里也有一粒种子。"搞得妈妈哭笑不得，不知道怎么给他解答这个问题。

一位妈妈对12岁儿子的遗精问题非常关注，每次儿子换下的内裤都要检查，发现内裤上的精液后还要向儿子询问是否遗精，结果让儿子非常不好意思，总是把内裤藏起来或是直接扔掉。

家中的男孩子渐渐长大，会慢慢发现自己和女孩的不同。作为父母要正确、大方地对待男孩子提出的问题，清楚明确地对孩子进行性教育，让孩子有正确的性道德观念。

小贴士

1.父亲是男孩子性教育的最佳人选

在现实生活中，很多母亲越俎代庖，代替父亲与儿子交流遗精的问题，这是非常不合适的。而父亲借口工作太忙来回避对男孩的性教育，是对孩子不负责任的表现。假如母亲对孩子遗精的事情非常关注，还询问孩子是否遗精，那母亲这样的行为严重侵犯了儿子的隐私，让儿子产生不被尊重的感受。母亲要明白儿子是一个男人，要保持与儿子的界限。

2.帮助男孩子建立正确的性别观

尽管一个人的性别在受精的一刹那就决定了，不过在心理层面上，性别的心理发展是从3岁到成年的这段时间。通常3岁左右的孩子，就会知道自己是男孩子还是女孩子，不过他们会好奇地问：为什么女孩要穿裙子、留长头发，而男孩子要穿裤子、留短发，这是儿童性别心理发展的开始。在这个阶段，父母需要注意，让孩子懂得保护自己的身体，同时让孩子对身体的各个部位有大概的认识。

大多数都是独生子女的男孩，从小受到父母长辈的宠爱，他们喜欢待在家里玩电脑，习惯了跳跃式、非逻辑思维方式，不会考虑其他人的感受，容易变得自私冷漠。有的男孩子到了适婚年龄，心智依然不成熟，没有责任意识，担不起责任。所以，父母要培养孩子的性别意识，且越早越好。

3.对男孩子进行性知识灌输

父母让孩子认识自己的身体，比如给孩子洗澡时，可以告诉他身体每个部位的名字以及功能，就好像做游戏一般。需要在公众场合换衣服时，引导孩子找一个隐蔽的地方，因为身体的一些部位是隐私的，让孩子了解到自己的性别。

对于孩子提出的性问题，父母需要尽可能地用简单的语言告诉他，比如大方提到乳房、阴茎等字眼，就好像告诉孩子这是苹果一样。同时需要告诉孩子，这些部位是隐私的。父母需要端正自己的思想，才可以给孩子正确的引导。面对孩子的问题，父母只需要给一个直观的回答，不宜太详细，否则只会让孩子混乱。

参考文献

[1] 刘瑮. 你其实不懂儿童心理学[M]. 海口：南方出版社，2012.

[2] A. C. 马卡连柯. 家庭和儿童教育[M]. 上海：上海人民出版社，2011.

[3] 阿德勒. 儿童教育心理学[M]. 北京：中华工商联合出版社，2017.

[4] 周礼. 正面管教儿童心理学[M]. 上海：文汇出版社，2017.